AutoÉditeur
Transformer un Blog en Livre

JEAN-BAPTISTE VIET

Blogueur @
Jeanviet.info | Teletuto.fr | BlogBuster.fr

Responsable Marketing @
Orange.fr | 118712.fr

Entrepreneur @
Jeanviet

TABLE DES MATIÈRES

AVANT-PROPOS

On apprend beaucoup plus de choses en lisant un livre pendant un mois qu'en survolant, pendant un an, des infographies, diaporamas, vidéos, courts articles qu'on trouve sur les blogs et les sites d'information. À la fin d'un bon livre, il reste toujours quelque chose !

En tant que lecteur numérique, je constate chaque jour avec regret que :

- Certains auteurs autoédités osent vendre sur Amazon des livres de moins de 50 pages à plus de 5 €.

- Les grandes maisons d'édition continuent à vendre leurs e-books (de qualité) au prix d'un livre papier (à plus de 10 €).

- Certains blogueurs essaient de vendre à leurs lecteurs via email des PDF deux fois plus chers qu'un livre papier (à plus de 20 €).

Il y a aussi :

- Des lecteurs critiques qui, fort heureusement, grâce à leurs avis, permettent de faire le tri.

- De bons auteurs autoédités qui ne savent malheureusement pas vendre leur ouvrage.

- De bons blogueurs qui ne savent pas comment transformer leurs articles de blog en livre.

Je voudrais que ce livre permette :

- aux bons blogueurs de se lancer dans l'autoédition,

- aux bons auteurs autoédités de mieux vendre leur ouvrage,

- aux lecteurs de trouver des e-books de qualité pour moins de 5 €.

Pourquoi créer un livre à partir d'un blog ?

Par ma foi ! Il y a plus de quarante ans que je dis de la prose
sans que j'en susse rien.
M. Jourdain, *Le Bourgeois gentilhomme*, Molière

Le blogueur est plus à l'aise avec les nouvelles technologies et connaît tous les codes de la communication en ligne. Grâce à cela, il a su s'affranchir dès le départ des contraintes de l'édition traditionnelle. Pour créer et faire connaître son blog, il n'a en effet jamais eu besoin d'éditeur, d'expert technique, de publicité.

Le blogueur est plus à l'aise avec les nouvelles technologies et connaît tous les codes de la communication en ligne. Grâce à cela, il a su s'affranchir dès le départ des contraintes de l'édition traditionnelle. Pour créer et faire connaître son blog, il n'a en effet jamais eu besoin d'éditeur, d'expert technique, de publicité.

L'auteur possède une meilleure culture littéraire et une parfaite maîtrise de la langue française. Grâce à cela, il peut écrire seul et avec une grande facilité des récits capables de captiver des milliers de lecteurs.

J'ai démarré mon précédent livre (*BlogBuster*) et celui que vous lisez en ce moment (*AutoÉditeur*) en partant d'un blog. Le blog m'a permis d'avancer dans la rédaction, de garder la motivation pendant mes deux projets de livre, de démarrer le bouche-à-oreille avant même la publication de mes livres et d'être toujours plus proche des besoins de mes lecteurs.

Pour transformer mon blog en livre, j'ai lu en complément deux ouvrages très structurants : *Author, Publisher, Entrepreneur* de Guy Kawasaki et *Grimpez vers le top 100* de

Jacques-Line Vandroux. J'ai eu la chance de recevoir de très bons conseils de quelques auteurs autoédités à succès.

Je n'ai finalement jamais reçu aucun coup de pouce promotionnel d'Amazon, mais grâce à mon blog BlogBuster.fr créé pour l'occasion, à ma maîtrise de Word et des outils d'édition HTML, aux outils gratuits d'Amazon (KDP, CreateSpace), à mon réseau de contributeurs experts (designers, spécialistes WordPress, auteurs, webmarketeurs, développeurs), j'ai réussi à transformer un blog en livre et à le vendre en un an à plus de 1 000 exemplaires !

L'objectif du présent ouvrage est de vous transmettre tout ce savoir-faire de façon didactique, accélérée et accessible.

En lisant *AutoÉditeur*, vous saurez :

- créer votre propre livre,

- le publier en version e-book et papier,

- le faire connaître sur Internet grâce à votre blog.

Comment lire ce livre ?

Un livre a toujours deux auteurs :
celui qui l'écrit et celui qui le lit
Jacques Salomé

À qui s'adresse ce livre ?

AutoÉditeur s'adresse aux blogueurs et aux auteurs (débutants ou confirmés) qui souhaitent créer en autoédition un livre, le distribuer en version e-book et papier sur Amazon et le faire connaître sur Internet grâce à leur blog.

Le blogueur disposera d'une méthode testée et éprouvée, de tutoriels complets sur Word et Sigil, pour transformer les contenus pratiques rédigés sur son blog en livre.

L'auteur disposera d'un compagnon indispensable lui permettant de maîtriser de bout en bout et de façon professionnelle l'édition (écriture et relecture), l'impression (confection et mise en page), la distribution (Amazon, KDP, CreateSpace) et la promotion (couverture, quatrième de couverture, avis, prix, blog, réseaux sociaux) de son livre sur Internet.

Enfin, toute personne, désireuse de créer et de publier son premier livre sur Internet, disposera grâce à ce guide de toutes les ressources marketing, techniques, juridiques et fiscales pour pouvoir se lancer seule en autoédition.

Comment est organisé ce livre ?

Ce livre est à la fois un guide pratique et le témoignage d'un blogueur aguerri qui débute dans l'autoédition. Au fil de votre lecture, vous découvrirez comment j'ai réussi en un an à transformer des articles de blog en livre avec moins de 50 €, à faire parler de mon livre sans connaître le moindre journaliste, à projeter un livre d'informatique pendant six jours dans le top 100 Kindle devant *Merci pour ce moment* de Valérie Trierweller et *Fifty Shades of Grey*.

Ce livre explore toutes les problématiques que va rencontrer un auteur pendant la durée de vie de son livre :

- de la phase d'écriture (partie 1),

- en passant par la phase de publication (partie 2),

- jusqu'à l'étape indispensable de promotion (partie 3).

Comment va s'organiser votre projet d'écriture ?

Mener à bon terme un projet d'écriture prend du temps (au moins six mois), nécessite une parfaite organisation à la maison surtout si vous avez comme moi une activité salariée à temps plein et deux enfants à charge. Essayez de débloquer 10 heures par semaine pendant la phase de rédaction de votre ouvrage. Si vous avez un blog, dédiez-le pendant cette période à l'objet de votre ouvrage.

La phase de publication est assez rapide (moins d'une semaine) si vous avez bien préparé le travail en amont. Ne négligez pas à ce moment clé, la couverture et la quatrième de couverture. Ces deux outils vous seront d'une grande aide pour soutenir votre promotion et inciter à l'achat.

La phase de promotion est la plus longue et la plus difficile. Vous aurez à gérer un pré-lancement d'un mois pour que quelques lecteurs vous lisent et déposent des avis. Il faudra ensuite multiplier les opérations de communication pour convaincre quelques blogueurs (dont l'audience est en affinité avec votre livre) de relayer votre ouvrage sur leur blog.

Ce n'est pas parce que vous avez déjà une forte audience sur votre blog, qu'on achètera automatiquement votre livre. Les recommandations d'autres lecteurs influents ont en effet plus de valeur dans le processus d'achat.

Il faudra oser contacter de manière subtile tous ceux qui peuvent vous aider à faire connaître votre livre et maintenir une animation quasi hebdomadaire de votre promotion sur les réseaux sociaux.

Il faudra un moral à toute épreuve durant cette période de promotion. Beaucoup de blogueurs vous ignoreront, tarderont à publier la critique promise (ou ne la publieront pas), mais il y aura aussi de bonnes surprises avec des impacts réels sur vos ventes.

Vous l'aurez compris, l'écriture d'un livre en autoédition nécessite beaucoup de temps, d'organisation, d'adresse et de précision dans la communication autour de votre livre suite à sa publication.

À quel rythme lire ce livre ?

Avant même de démarrer votre projet de livre, je vous recommande vivement de lire le présent ouvrage du début à la fin d'une traite. Vous aurez ainsi une vue globale et pourrez commencer à parler de votre projet sur votre blog et sur les réseaux sociaux. Les parties et les chapitres suivent une progression logique : écriture, relecture, publication e-book, publication livre papier, promotion.

Pendant votre projet de rédaction de livre, vous serez amené régulièrement à revenir consulter les différents chapitres d'*AutoÉditeur*.

Avant la publication de votre livre, la partie 1 (Écrire un livre) vous permettra de rédiger de façon efficace et professionnelle votre livre. À l'issue de cette partie, vous aurez réalisé deux livres au format EPUB et Word prêts à être publiés en version e-book et livre papier.

Quand votre livre sera prêt, la partie 2 (Publier un livre) vous aidera à le "*marketer*" (couverture, quatrième de couverture, prix) et à le distribuer sur Amazon en version numérique et papier.

Une fois disponible à la vente sur Amazon, c'est là que la promotion (partie 3) démarrera. Il faudra inciter vos lecteurs à déposer des avis, les blogueurs à parler de votre livre et surtout continuer à animer votre blog et vos comptes de réseaux sociaux.

Tout au long du livre, je partagerai avec vous de façon totalement transparente les retours d'expérience de mon livre *BlogBuster*. Rien ne vous sera caché, je partagerai aussi bien mes petits succès que mes grandes frustrations d'auteur. Un chapitre entier y est d'ailleurs consacré à la fin de cet ouvrage.

L'objectif principal de ce livre est de vous donner une méthode pour bien écrire. Par rapport à la richesse des thèmes abordés, je ne pourrai bien évidemment pas rentrer dans le détail de chaque nouvel apprentissage.

À chaque fin de chapitre, vous aurez une zone "À retenir" où je ferai un résumé des choses importantes vues dans le chapitre à mettre en pratique sur votre livre et une zone "Pour aller plus loin" où je vous renverrai sur des liens vous permettant d'approfondir les sujets en ligne.

Mise en avant d'exemples personnels

Chaque fois que j'introduirai dans un paragraphe un exemple personnel pour illustrer un concept nouveau lié au blogging ou à l'autoédition, vous verrez sur la gauche un petit trait vertical comme ici.

Insertion de définitions au sein des chapitres

Chaque fois que j'introduirai dans un paragraphe un concept nouveau pour celui qui n'est pas familier avec le blogging ou le monde de l'autoédition, il sera suivi d'une définition **"c'est quoi ça ?"**.

Cette définition aura le même traitement graphique que cette sous-partie : encadré noir. Les débutants en blogging et en autoédition pourront ainsi tout au long de leur lecture bien comprendre chaque concept, les experts pourront ignorer les concepts qu'ils maîtrisent déjà. À la fin de l'ouvrage, vous retrouverez un glossaire récapitulatif.

À propos de l'auteur

Choisissez un travail que vous aimez et vous n'aurez pas à travailler un seul jour de votre vie.
Confucius

Jean-Baptiste Viet est un digital native de 33 ans, marié et père de 2 enfants, qui est tombé dans la marmite de l'informatique et des nouvelles technologies avant même de savoir lire et écrire.

Depuis 2005, il gagne sa vie grâce à Internet ! La semaine, pendant les heures ouvrées, il est responsable marketing chez Orange.fr. Depuis 2013, il est en charge des sites Web et applications d'annuaires en ligne d'Orange (118712.fr).

Le soir et le week-end, depuis 2006, il édite le blog Jeanviet.info, un guide Web et multimédia gratuit accessible à toute la famille. Son blog lui a engendré jusqu'ici environ 200 000 € de revenus publicitaires.

Micro-entrepreneur depuis fin 2008, il édite depuis 2013 des livres de vulgarisation informatique pour aider ses pairs à mieux vivre grâce aux nouvelles technologies.

Remerciements

Je dédie cet ouvrage à toutes les personnes, entreprises, communautés, qui grâce à leurs aides, conseils, outils m'ont permis de publier et de vendre deux livres en autoédition sans éditeur, sans publicité et sans réseau de distribution physique.

Un grand merci à :

- **Amazon** et ses plateformes KDP et CreateSpace qui me permettent de vous proposer ce livre en version numérique et papier.

- **Sigil** et aux personnes qui maintiennent cet outil gratuit de création d'e-books au rendu professionnel.

- **Jacques-Line Vandroux** qui m'a permis d'avancer dans le monde de l'autoédition sans erreurs.

- **Olivier** de WebRankInfo qui a donné un sacré coup de projecteur à mon précédent ouvrage *BlogBuster*.

- **Sonia**, ma femme qui m'a soutenu, supporté et a géré les tâches du quotidien pendant que je passais des heures entières à écrire ce livre.

- **Tous les lecteurs et blogueurs** de *BlogBuster* qui ont chroniqué mon précédent ouvrage sur ma page Amazon ou sur leur blog. Les chapitres 16 et 20 vous sont dédiés, vous y retrouverez à la fin votre pseudo ou l'adresse de votre blog.

- **Nicolas** qui a gentiment accepté de remettre le couvert pour la couverture d'*AutoÉditeur*.

Un grand merci également à **mon père**, **Xhark** (blogueur @ blogmotion.fr), **Alexandre** (blogueur @ trentejours.com), **Steven** (blogueur @ justegeek.fr), Lisa (blogueuse @ frenchwithbenefits.fr & BlogBuster.fr), **Loni** (twittos à @lonilanglet), **Nicolas** (blogueur @ ABCArgent.com), **Elizabeth** (cofondatrice @ IDBOOX.com), **Michel** (éditeur et auteur @ mediaforma.com) mes relecteurs experts qui me permettent de vous proposer un livre pratique, fiable et de qualité.

PARTIE 1 :
ÉCRIRE UN LIVRE

Quand on a une cathédrale dans la tête, on ne casse pas les cailloux
de la même façon.
Boris Cyrulnik

   Bientôt, vous allez commencer à tapoter sur votre clavier des mots qui feront des phrases, puis des chapitres, puis à la fin un livre. Vous êtes en train d'écrire un livre ! Gardez bien cela en tête.

Avoir cet état d'esprit sera essentiel pour garder intacte votre motivation et mener à bien votre projet d'écriture.

Dans cette partie, nous allons voir ensemble les logiciels à utiliser pour bien écrire votre livre au format numérique. Je vous expliquerai comment j'utilise Word pour créer mon livre papier et Sigil pour la création de mon e-book.

Pour amener la technique en douceur et vous garder gonflé à bloc au moment d'écrire vos premiers chapitres de livre, je partagerai avec vous quelques techniques de motivation et vous parlerai du potentiel énorme que représente le marché du livre numérique en France.

Nous n'en sommes qu'au début, et demain avec la généralisation des modes de consommation sur smartphone, tablette, liseuse, nous devrions délaisser progressivement le livre papier pour le livre numérique.

1- LE MARCHÉ DU LIVRE NUMÉRIQUE EN FRANCE

Le nouveau ne sort pas de l'ancien, mais apparaît à côté de l'ancien, lui fait concurrence jusqu'à le ruiner.

Joseph Schumpeter

Ce qui s'est passé dans la musique et dans le cinéma il y a quelques années commence à toucher le monde du livre en France. La phase de destruction créatrice se joue en ce moment.

Les libraires et les éditeurs qui n'ont pas anticipé le virage du digital commencent à ressentir l'onde de choc, les auteurs autoédités qui sont les seuls à avoir envie de proposer des e-books à des prix attractifs génèrent un tiers des ventes sur Amazon.[1]

Autoédition, auteurs autoédités

L'autoédition est la capacité pour un auteur d'éditer ses propres livres sans passer par une maison d'édition.

---

[1] 33 % des ventes d'e-books réalisées en janvier 2015 par l'autoédition sur Amazon aux États-Unis selon AuthorEarnings.

L'auteur autoédité prendra à sa charge et sur son temps personnel toutes les étapes de production, d'impression, de distribution de son livre, mais gardera aussi l'intégralité des recettes après impôt et coûts de distribution.

Le livre est la première industrie des biens culturels en France

Que ce soit dans le monde ou en France, le livre est la première industrie des biens culturels. En France, en 2014, selon GFK, le livre pesait un chiffre d'affaires de 3,9 milliards d'euros[2], ce qui représentait 55 % du chiffre d'affaires de l'industrie des biens culturels. Les Français dépensent donc plus dans les livres qu'en achat cumulé de films, jeux vidéo, musique.

GFK : c'est quoi ça ?

GFK est l'un des plus gros instituts d'études de marché. GFK analyse périodiquement les comportements des consommateurs à l'égard de l'industrie des biens culturels : équipement en numérique, comportements d'achat, habitudes de consommation.

Le livre accélère sa numérisation en France

---

[2] Chiffre d'affaires TTC ventes de détail (sortie de caisse en France métropolitaine). GFK, février 2015.

Le livre n'est pas épargné par la dématérialisation des biens culturels. Pour l'instant, en France, il résiste un peu mieux (- 3 % / an) que les autres industries du loisir (- 15 % / an pour les jeux vidéo, films, musique). La consommation du livre se transforme avec l'arrivée à maturité du numérique.

On lit moins longtemps, on dépense moins, il y a plus de lecteurs occasionnels que de gros lecteurs. La culture du zapping s'invite aussi dans le livre.[3]

Avec ces nouvelles tendances de consommation, l'explosion des équipements en nouveaux terminaux de lecture (liseuses, tablettes, smartphone), l'e-book souvent moins cher qu'un livre papier et immédiatement disponible, tire dès lors son épingle du jeu.

Liseuse, e-book : c'est quoi ça ?

Une liseuse (ou e-reader) est un terminal de lecture à encre électronique. L'encre électronique permet d'avoir une autonomie de 30 jours et un affichage semblable à la lecture sur livre papier (même en plein soleil). En France, fin 2014, selon GFK, 1 million de personnes étaient équipées de liseuses. Kindle (Amazon) et Kobo (commercialisée en France par la Fnac) sont les deux marques de liseuses les plus populaires en France.

Un e-book est un livre au format numérique qui peut être lu directement sur une liseuse ou sur d'autres écrans (PC, Mac, tablette, smartphone) à l'aide d'un logiciel ou d'une application de lecture dédiée.

---

[3] GFK mars 2014, le marché du livre prépare sa mutation.

Tous les ans, la vente d'e-books double sur le marché français. Les ventes en ligne de livres papier progressent pendant que les réseaux de distribution physique de livres ferment les uns après les autres (Virgin, Chapitre, librairies de quartier).

Numérique : 6,4 % du chiffre d'affaires du livre

En 2014, selon le SNE, le livre numérique pesait en France 161,4 millions d'euros de chiffre d'affaires, soit 6,4 % du chiffre d'affaires total du livre (papier et numérique). C'est trois fois moins que ce que ce marché représente chez nos voisins anglais (17%) et américains (23%).[4]

SNE : c'est quoi ça ?

Le SNE est le syndicat national de l'édition. C'est l'organisation professionnelle des entreprises d'édition. Elle défend les intérêts des éditeurs de livres publiés à compte d'éditeur. Les données issues de leurs études n'incluent, ni les ventes réalisées par les *pure players* numériques, ni les ventes des auteurs autoédités. En 2014, le SNE mesure un chiffre d'affaires du livre à 2,6 milliards d'euros, alors que GFK est à 3,9 milliards d'euros. Cette différence s'explique aisément : GFK inclut toute la chaîne du livre (éditeurs, distributeurs), alors que l'analyse du SNE se limite aux éditeurs.

En 2017, Hachette Livre (deux milliards d'euros de chiffre d'affaires par an) prévoit qu'un livre grand public sur trois sera

---

[4] Rapport d'activité du Syndicat National de l'Édition 2014-2015.

vendu au format numérique dans les pays anglo-saxons, contre un livre sur six en France.[5]

Les genres littéraires où l'e-book est roi

Si on affine encore plus l'analyse en se concentrant sur les romans, les livres qui sont disponibles à la fois en numérique et en papier, en excluant les BD et livres pour enfants (moins adaptés à la lecture sur écran) on se rend compte que le numérique représente à chaque fois plus de 10 % des ventes en France.

Le livre de Valérie Trierweiler "*Merci pour ce moment*" a par exemple généré en quatre jours 14 000 ventes d'e-books contre 140 000 ventes de livres papier.[6] Des auteurs autoédités à succès comme les Vandroux ont réussi en deux mois à intéresser plus de 10 000 lecteurs sur Amazon Kindle avec leur nouveau livre "*Projet Anastasis*".

Si les éditeurs traditionnels jouaient le jeu au niveau des prix des e-books (e-book inférieur à 10 €), je suis sûr qu'on serait proche d'un rapport deux tiers papier, un tiers numérique.

Pour les auteurs autoédités qui jouent le jeu au niveau du prix, mais qui ne bénéficient pas de relais physiques à la Fnac et dans les grandes surfaces, le rapport est inversé : plus des deux tiers numériques, moins du tiers papier. Et c'est tant mieux, car la marge brute est d'environ 60 % pour l'autoédition numérique, contre 6 % à 12 % seulement dans l'édition classique papier.

À retenir

---

[5] Hachette Livre, Investor Day Lagardère, 28 mai 2014.

[6] "*Merci pour ce moment*" : 14 000 ventes numériques en quatre jours selon GFK.

Le livre est la première industrie de biens culturels en termes de chiffre d'affaires. La France est en retard par rapport à ses homologues anglo-saxons au niveau de la consommation d'e-books. Mais la croissance du numérique s'accélère et lorsque les auteurs jouent le jeu au niveau des prix, que la qualité du contenu est au rendez-vous, les ventes suivent.

Pour aller plus loin

Quelques articles et livres à consulter pour mieux connaître le poids du livre numérique en France et dans le monde :

- GFK mars 2014, le marché du livre prépare sa mutation : **http://jbv.ovh/ae-01**

- Hachette balance les chiffres du numérique : **http://jbv.ovh/ae-02**

- The Global eBook Report (Rüdiger Wischenbart) : **http://jbv.ovh/ae-03**

- Livre numérique, perspectives 2015 : **http://jbv.ovh/ae-04**

- Marché 2014 du livre numérique en France : **http://jbv.ovh/ae-102**

Un très bon site d'information et un blog pour suivre l'actualité du livre numérique (études, réflexions, analyses) :

- IDBOOX : **http://www.idboox.com**

- Aldus : **http://aldus2006.typepad.fr/**

2- COMMENT TRANSFORMER VOTRE BLOG EN SUJET DE LIVRE ?

Lorsque vous parlez de vos produits ou services,
parlez en termes de solution.
Marc Delbreil

Nous avons vu précédemment que les Français lisaient beaucoup d'e-books, qu'ils étaient même prêts à acheter des livres d'auteurs n'ayant pas encore fait leurs preuves si la qualité et le prix étaient au rendez-vous.

Et si c'était à votre tour d'écrire des livres ? Si vous maintenez un blog, vous savez déjà écrire. Il faut réussir maintenant à extraire de votre blog un sujet de livre qui donne envie d'acheter.

Suis-je prêt à écrire un livre ?

Avant de vous lancer dans votre projet d'écriture, vous devez vous demander si vous avez les qualités requises et la capacité à vous dégager du temps de façon régulière pour faire avancer votre écrit sans ne jamais toucher un centime. En autoédition, vous n'êtes payé que si vous vendez.

Combien de temps ?

Pour écrire *BlogBuster*, j'ai eu besoin d'écrire pendant un an et demi. J'ai commencé par publier les premiers chapitres sous forme d'articles sur le blog en janvier 2013 et le livre en version e-book a été publié en août 2014. Si j'avais été plus régulier, je pense que j'aurais pu rédiger mon livre en six mois.

Comment écrire un livre en six mois ?

Un chapitre avec une dizaine de pages doit me prendre environ 15 heures de rédaction, j'ai écrit 27 chapitres. $27 \times 15 = 405$ heures. Je dois pouvoir bloquer en moyenne 15 heures par semaine pour m'atteler à la rédaction. Il est donc possible d'écrire un livre en 27 semaines.

Comment garder la motivation ?

Si j'écris, c'est parce que cela me plaît de taper mes idées sur un clavier et de les partager sur un blog. Je fais cela depuis neuf ans de façon régulière. L'écriture permet de structurer sa pensée, d'apprendre aussi parce qu'il faut faire des recherches pour améliorer son expertise, de partager avec les autres pour recueillir de nouvelles idées et des encouragements.

Je vous conseille vivement de partager des bouts de vos chapitres bruts sur un blog tout au long de votre projet de livre. C'est quand j'ai mis en place cette démarche que j'ai vraiment pu avancer.

Un blog : c'est quoi ça ?

Un blog est un journal personnel sur Internet où l'information est publiée par ordre antéchronologique (article le plus récent en premier, article le plus ancien en dernier).

Un bon niveau d'orthographe et des amis relecteurs

Ceux qui lisent des livres ont un niveau d'exigence élevé sur l'orthographe. Vous ne pouvez pas décemment publier un livre avec une faute d'orthographe par page. Et même si vous êtes bon, il faudra relire plusieurs fois votre livre pour faire la chasse aux fautes et le faire relire par votre entourage.

Vos relecteurs listeront vos fautes, vous feront bénéficier de leur expertise et vous donneront également un éclairage sur la compréhension globale de votre livre.

Est-ce que mon livre va intéresser des lecteurs ?

Pourquoi lit-on des livres ? Pour s'évader, apprendre, rire, améliorer son quotidien… Est-ce que votre livre remplira au moins une de ces fonctions ? Est-ce que votre livre apportera un plus par rapport à ce qui existe déjà ?

Beaucoup d'ingrédients sont nécessaires pour que votre livre rencontre son public :

- vous devez avoir une expertise et savoir la transmettre,

- vous devez répondre aux attentes des lecteurs (regardez le top des ventes Amazon),

- vous devez innover, proposer une approche originale.

En vous posant ces questions et en répondant à ces exigences, vous arriverez à trouver un sujet de livre porteur et original. Il vous faudra ensuite le traduire en titre de livre qui pousse à l'achat, car n'oubliez pas qu'il faut vendre !

Trouvez un bon titre de livre

Un bon titre de livre doit :

- donner envie d'acheter,

- résoudre un problème,

- être mémorisable,

- être explicite.

Essayez de trouver un titre avec deux termes qui paraissent contradictoires (ça dégage une tension) et qui résolvent un problème sur lequel vous avez une réelle expertise.

Quelques exemples de titres avec deux termes contradictoires :

- Maman et entrepreneuse.

- Gagner de l'argent avec un blog.

- Transformer un blog en livre.

- Maigrir sans régime.

- Créer un site Web tout seul.

Ces cinq titres résolvent un problème (je peux entreprendre, écrire un livre, maigrir), donnent envie d'acheter à certains lecteurs et lectrices (les mamans, les blogueurs, les personnes en surpoids…) et sont très explicites.

Pour améliorer la mémorisation et ainsi propager plus facilement le bouche-à-oreille, je vous recommande d'adosser votre titre à une marque. Cette marque sera idéalement le nom de votre blog et son nom de domaine.

Quelques exemples de titres de livres adossés à un nom de domaine :

- *SoLoMo* / solomo.fr

- *BlogBuster* / blogbuster.fr

- *AutoÉditeur* / autoediteur.fr

Préparez le *pitch* de votre livre et son *reason why*

Il faut que vous soyez capable de résumer le contenu de votre livre (qu'est-ce que cela va apporter au lecteur ?) et le pourquoi de votre livre (pourquoi devrais-je vous faire confiance cher auteur ?) en quelques phrases que vous ajouterez dans les pages liminaires de votre livre.

Pitch, reason why : c'est quoi ça ?

Le *pitch* d'un livre est le résumé en quelques phrases de votre livre. Il doit être court et donner envie de lire. **Le *reason why*** (raisons d'y croire, ou preuves) c'est tout le discours objectif qui va appuyer la promesse de votre livre. Exemple : un auteur qui écrit un livre pour apprendre à transformer un blog en livre ne peut être crédible que s'il l'a fait lui-même et que son livre s'est bien vendu.

Je vous conseille aussi d'essayer de réduire le *pitch* et le *reason why* en une phrase, cela vous permettra d'être plus à l'aise pour présenter votre ouvrage et d'avoir des messages percutants pour votre quatrième de couverture.

Pitch d'AutoÉditeur

Avec *AutoÉditeur* vous allez apprendre à créer en autoédition un livre, à le distribuer en version e-book et papier sur Amazon et à le faire connaitre sur Internet grâce à votre blog.

Reason why d'AutoÉditeur

Jean-Baptiste Viet, responsable marketing chez Orange.fr, blogueur à succès sur Jeanviet.info (200 000 € de revenus générés) et auteur du livre *BlogBuster* (n° 1 des ventes d'e-books Amazon Informatique et Internet pendant 1 an), explique dans ce livre comment il a réussi à transformer son blog en livre et à le vendre sur Amazon à plus de 1 000 exemplaires en e-books et livres papier sans éditeur, sans réseau de distribution physique, grâce à son blog.

À retenir

Si vous savez bloguer, vous savez écrire. Écrire un livre demande beaucoup plus de rigueur que de tenir blog. Vous devez avoir du temps, stimuler seul votre motivation, avoir les prérequis indispensables en orthographe et bien sûr savoir exprimer vos idées par écrit.

Pour capter l'attention des lecteurs, vous devez extraire de votre blog un sujet de livre vendeur. Il faudra le résumer en titre, *pitch* et *reason why*.

Pour aller plus loin

Voici quelques concepts marketing et narratifs que je vous invite à explorer pour construire au mieux votre sujet de livre :

- *Insight* consommateur : **http://jbv.ovh/ae-06**

- *Elevator pitch* : **http://jbv.ovh/ae-07**

- *Pitch* : **http://jbv.ovh/ae-08**

- *Reason why* : **http://jbv.ovh/ae-09**

3- CRÉEZ LE PLAN DE VOTRE LIVRE SOUS WORD

Dans la préparation à la bataille j'ai toujours constaté que les plans sont inutiles mais la planification est indispensable.
Dwight D. Eisenhower

Vous avez réussi à trouver le titre de votre livre, son *pitch* et son *reason why*, nous allons pouvoir maintenant structurer sa trame sur Word.

Démarrez sur Word

Pour créer un livre en version papier ou numérique, le logiciel Word est incontournable. Pour que votre livre fasse pro, voici quelques éléments indispensables de formatage sous Word :

- Police d'écriture : Times New Roman, taille 12.

- Votre premier paragraphe doit toujours démarrer par un retrait (j'ai mis 0,86 cm pour ma part).

- Vos images doivent être centrées et légendées.

- Utilisez des liens raccourcis si vous pointez vers des pages

Web. Exemple de lien raccourci : **http://jbv.ovh/ae-10**

- Sautez des pages entre les chapitres.

- Démarrez un chapitre sur une page impaire (plus agréable pour la lecture).

- Paginez vos pieds de page.

Enfin le plus important, vous devez avoir défini dans votre mise en page, une taille de reliure, une marge intérieure et une marge extérieure.

Ces valeurs doivent varier en fonction de votre nombre de pages et de votre format d'impression. Voici les réglages que j'ai appliqués pour un livre qui contient entre 200 et 300 pages (format 15,24 x 22,86 cm) :

- Intérieur : 1,93 cm.

- Extérieur : 1,52 cm.

- Reliure : 0,36 cm.

Si vous avez d'autres dimensions, consultez cette page : **http://jbv.ovh/ae-11**

Vous pourrez télécharger, dans ce cadre, le modèle Word qui vous convient le mieux.

Les pages liminaires à prévoir

Là encore, il y a un certain formalisme à respecter au niveau des pages à ajouter, avant l'apparition des premiers chapitres, si vous souhaitez que votre livre ait un rendu professionnel :

- Première page : le titre du livre, l'auteur (prévoir un saut de page à la fin).

- Deuxième page : copyrights éditeur, couverture, numéro ISBN (prévoir un saut de page à la fin).

- Troisième page : la table des matières (prévoir un saut de page à la fin).

- Avant-propos.

- Pourquoi lire ce livre ?

- Comment lire ce livre ?

- À propos de l'auteur.

Certains auteurs mettent les remerciements à la fin, d'autres au début. Moi je préfère les mettre au début juste après "À propos de l'auteur", comme pour renforcer l'idée que le projet d'écriture n'aurait pu être possible sans ceux que je remercie.

Structurez votre livre en parties et chapitres

Avant d'écrire le moindre paragraphe, il est important de structurer votre idée de livre en parties et chapitres. Ce travail aura plusieurs vertus :

- En établissant une ligne directrice, vous donnerez du sens et de la cohérence à votre projet.

- En définissant par exemple trois parties distinctes, vous

aurez trois objectifs intermédiaires et indépendants beaucoup plus rapides à atteindre individuellement que si vous deviez tout rédiger d'une traite. Chaque partie rédigée sera une petite victoire dans votre phase d'écriture.

- En définissant par exemple 21 chapitres, vous êtes en mesure de jauger la dose d'effort à fournir et à la répartir dans le temps.

Je vous recommande d'organiser votre livre en trois parties et de garder le même nombre de chapitres par partie.

Plan détaillé de chaque chapitre

Une fois que votre plan est clair, je vous conseille de vous concentrer sur la première partie et de commencer à l'affiner en créant un plan détaillé de chaque chapitre.

Ainsi vous disposerez d'une trame à trous qui sera beaucoup plus facile à remplir une fois les principales idées posées.

À retenir

Démarrez votre projet de livre sous Word, préparez les pages liminaires, vos parties et vos chapitres. En structurant votre livre, vous donnerez une ligne directrice à votre projet et serez en mesure de jauger votre charge d'écriture et votre progression.

Pour aller plus loin

Voici quelques outils et ressources utiles pour créer le plan de votre livre :

- Microsoft Office (Word) ou Libre Office (Writer)

- E-book Préparation de votre livre pour Kindle : **http://jbv.ovh/ae-12**

- Modèle de livre Word à télécharger (code à saisir : 250) : **http://jbv.ovh/ae-13**

3– CRÉER LE PLAN DE VOTRE LIVRE SOUS WORD

4- PUBLIEZ VOS PREMIERS CHAPITRES SUR UN BLOG

Il n'y a que sur Internet où une personne
peut-être seule et populaire à la fois.
Allison Burnett, Undiscovered Gyrl

En parallèle à la rédaction privée de votre livre sous Word, il est important de publier une partie de vos premiers chapitres sur un blog visible de tous.

En publiant des articles liés à votre livre sur votre blog, vous pourrez :

- tester l'appétence du sujet de votre livre auprès d'un large public,

- commencer à faire la promotion de votre livre,

- impliquer vos premiers lecteurs et recruter des relecteurs,

- rester motivé pendant toute la phase d'écriture.

Six mois pour jeter vos idées sur Word

Votre plan détaillé de livre doit être prêt. Pour remplir les blancs avec des phrases, laissez-vous six mois. Dans cette phase d'écriture brute, Word sera votre meilleur compagnon.

Essayez de vous dégager chaque semaine un peu de temps pour écrire, mettez de côté la mise en forme, ne négligez pas l'orthographe (ça pourrait vous être fatal plus tard) et avancez l'écriture sans faire tout de suite vos recherches bibliographiques.

Fixez-vous des objectifs hebdomadaires et globaux

En six mois, vous pouvez écrire chaque semaine un chapitre, finir la première partie au bout de deux mois et avoir rédigé les deux tiers de votre livre au bout de quatre mois.

C'est important de vous fixer ce genre d'objectifs, vous savez ainsi si vous êtes dans les temps et vous pouvez mettre un peu plus de cœur à l'ouvrage en cas de retard quand vous avez plus de temps libre.

Quand je travaille et que j'ai peu de temps libre, je peux envisager d'écrire un chapitre par semaine. Si je suis en congés et que j'ai beaucoup de temps libre, je peux envisager de rédiger un chapitre par jour.

Écrivez d'abord des choses qui vous plaisent ou qui alimentent votre quotidien

C'est beaucoup plus simple d'avancer un projet de livre quand on traite d'abord les sujets qui nous plaisent (motivation plus forte) ou qui font l'actualité de notre quotidien (information fraîche dans notre esprit).

Par exemple au moment où j'ai écrit ces lignes, c'était beaucoup plus naturel pour moi d'avancer sur la partie promotion, car j'étais en pleine promotion de mon dernier ouvrage.

Publiez des bouts de chapitres sur votre blog

Dans un chapitre, j'arrive à extraire deux à trois articles de blog. Je vous recommande de publier un tiers de votre livre sous forme d'articles de blog (un article par semaine). Vous pourrez ainsi avancer tout en recueillant les retours de vos premiers lecteurs.

N'en publiez pas plus, car sinon les lecteurs de votre blog n'auront plus d'intérêt à acheter votre livre si tout est déjà dit dans le blog !

Mon article portant sur les outils et logiciels pour écrire (**http://jbv.ovh/ae-14** : 60 partages sociaux) m'a permis de mesurer ô combien les aspects techniques vous intéressaient (la première partie d'*AutoÉditeur* traite à fond de cela, ça tombe bien) et j'ai même pu avoir en prime des retours pertinents d'auteurs sur d'autres techniques ou logiciels.

Faut-il créer un nouveau blog ?

Si vous avez déjà un blog en lien avec la thématique du livre que vous souhaitez publier, il vaut mieux écrire sur ce blog directement. Vous avez en effet déjà créé la popularité de votre blog auprès des moteurs de recherche et des personnes qui vous suivent par email ou sur les réseaux sociaux. Cela serait vraiment dommage de recommencer à zéro.

Vous aurez également beaucoup plus de facilités à engager des lecteurs qui vous connaissent déjà sur un nouveau projet de livre. Tous les relecteurs de ce livre *AutoÉditeur* ont été "embauchés" grâce à mon blog blogbuster.fr.

Vous pouvez comme moi communiquer sur un nouveau nom de domaine (autoediteur.fr) en lien avec le titre de votre livre et faire en sorte que celui-ci redirige de façon permanente vers une catégorie de votre blog qui traite de votre livre (chez moi c'est : http://blogbuster.fr/auto-edition/). Tous les *registrars* de noms de domaine permettent de faire cela facilement.

Ainsi c'est plus facile à gérer, vous n'avez pas de deuxième blog à créer, vos nouveaux articles se positionneront tout de suite bien dans les moteurs de recherche (il faut six mois pour que l'audience d'un nouveau site décolle en référencement naturel) et vous pourrez prouver la paternité du titre de votre livre grâce à l'achat du nom de domaine lié, effectué quelques mois plus tôt.

Domaine, URL, redirection d'URL, *registrar* : c'est quoi ça ?

Domaine : quand on parle d'un domaine, on sous-entend un nom de domaine. C'est-à-dire une adresse simplifiée qui permet d'accéder à un site Web. Ex: blogbuster.fr, jeanviet.info, solomo.fr, autoediteur.fr.

URL : Unique Resource Locator en anglais. C'est un acronyme qu'on utilise régulièrement pour désigner l'adresse Web d'une page de votre site. Cela correspond à l'ensemble des pages de votre site qui ont un contenu différent à afficher. ex d'URL : http://blogbuster.fr/auto-edition/

Redirection d'URL (ou redirection) : quand vous tapez une URL dans la barre d'adresse de votre navigateur, vous pouvez être parfois redirigé vers une nouvelle URL. On utilise une redirection code 301 quand une URL a changé d'adresse de façon permanente. Cela permet de récupérer sur votre nouvelle page (ou site) l'historique des liens de l'ancienne page (ou site). Ex : autoediteur.fr redirige vers http://blogbuster.fr/auto-edition/.

Un *registrar* est un bureau d'enregistrement de noms de domaine. Vous pouvez très bien acheter chez OVH, Gandi, GoDaddy (registrars) un nom de domaine sans prendre d'hébergement et le rediriger vers votre blog ou une partie de votre blog.

Partagez vos bonnes idées sur les réseaux sociaux dès qu'elles surgissent

C'est un réflexe que j'ai pris depuis que je blogue, dès que me vient une idée d'article, qu'un fait m'interpelle, qu'une réflexion m'arrive à l'esprit sur un sujet qui alimente mon quotidien, je la note et souvent je la partage sur les réseaux sociaux.

Ce petit effort naturel me permet ainsi de mobiliser plus facilement mes idées quand j'en ai besoin.

Faites les recherches bibliographiques à la fin

Toute la partie administrative liée à la publication (deuxième partie d'*AutoÉditeur*) étant plus compliquée à expliquer, je l'ai traitée plutôt à la fin. Idem pour les recherches bibliographiques. Comme c'est assez chronophage, mieux vaut réserver cela plus tard quand vous avez déjà bien avancé.

Tout ce qui est bien documenté et sourcé ("prise de tête" pour certains) fonctionne en général assez bien sur un blog. Vous avez moins d'auteurs prêts à relever le défi (moins de concurrence) et aussi une forte demande des internautes qui ne satisfont pas des autres contenus pauvres qui existent sur le Web.

N'hésitez donc pas à partager ce genre d'articles aussi sur votre blog. Le succès de mon article sur la déclaration de revenus Google AdSense l'a démontré (**http://jbv.ovh/bbs-73** : 240 partages sociaux).

À retenir

Pour être productif en écriture, il faut être motivé, organisé et être capable de mobiliser rapidement ses idées. Écrire les premiers chapitres de votre livre sur un blog vous aidera à rester motivé.

Fixez-vous des contraintes d'écriture pour bien avancer et consignez toutes vos bonnes idées dans un carnet de notes dès qu'elles surgissent.

Faites vos recherches bibliographiques à la toute fin pour rédiger le plus possible de chapitres.

Pour aller plus loin

Voici quelques outils, applications, logiciels pour vous aider à être organisé et productif :

- OneNote (logiciel Windows)
- Evernote (logiciel et application)

- Remember The Milk (application)

- ColorNote (application Android)

- Pocket (application)

- Twitter

- Facebook

- Quelle plateforme choisir pour mon blog ?
  http://bit.ly/bb-44

4– PUBLIEZ VOS PREMIERS CHAPITRES SUR UN BLOG

5- CRÉEZ UN E-BOOK AVEC SIGIL

Les bons outils font les bons ouvriers.

Certains auteurs autoédités préfèrent soumettre directement leur document Word sur Amazon pour gagner du temps et par simplicité.

Grave erreur ! En faisant cela, ils prennent le risque de sacrifier la mise en forme de leur ouvrage en version e-book. Je vous prie de croire que les clients Amazon habitués à la lecture sur liseuse ne les rateront pas dans les commentaires pour signaler le côté bâclé de leur mise en forme.

Dans ce chapitre, je vais vous expliquer comment bien retravailler votre document Word avec Sigil pour pouvoir transformer vos écrits en e-book.

Sigil : c'est quoi ça ?

Sigil est un éditeur d'e-book open source et multiplateforme qui permet de :

- créer des e-books au format EPUB,
- contrôler la mise en forme du texte et du code en HTML et CSS (ou en passant par un éditeur WYSIWYG),
- générer une table des matières et des métadonnées.

Si vous êtes à l'aise avec l'éditeur de texte d'un blog, vous ne devriez avoir aucun mal à utiliser Sigil.

Importez vos textes proprement dans Sigil

Vous pouvez vouloir créer un e-book dans Sigil à partir :

- d'un ou plusieurs articles de blog,

- d'un document Word.

Ne faites jamais de "copier-coller direct" d'un document Word vers Sigil ou d'un article de blog vers Sigil, vous risqueriez d'amener du code HTML parasite dans ce dernier.

Si le texte vient d'un article de blog, mieux vaut le copier-coller d'abord dans un bloc-notes puis copier-coller le contenu du bloc-notes (format texte brut) vers Sigil. Si le texte vient de Word, enregistrez votre document Word en texte brut avant de l'importer dans Sigil.

Comment créer un EPUB avec Sigil ?

En ouvrant Sigil, vous accédez à un éditeur HTML qui va vous permettre de créer ou d'éditer un EPUB.

Un EPUB, ce n'est rien d'autre qu'un fichier zip (une sorte de mini site Web) qui contient plusieurs pages XHTML (dans le répertoire Text), des images (dans Images), une feuille de style CSS pour la mise en forme (dans Styles), et deux fichiers de métadonnées pour le contenu (content.opf) et la table des matières (toc.nc).

Sigil ressemble beaucoup aux éditeurs HTML WYSIWYG tels que Dreamweaver, Kompozer, ou même TinyMCE (utilisé par WordPress, Facebook...).

EPUB, HTML, XHTML CSS, éditeur HTML WYSIWYG : c'est quoi ça ?

EPUB est un format d'e-book ouvert. L'extension d'un fichier EPUB est .epub. Toutes les liseuses peuvent lire les e-books au format EPUB excepté la Kindle qui nécessite en entrée des e-books au format .mobi, .azw ou PDF.

HTML est un langage de mise en forme qui permet grâce à un système de balises (exemples : <title>, <h2>, <img>, <p>) de structurer une page Web. Tous les navigateurs Internet (Chrome, Firefox, Internet Explorer...) et les logiciels de lecture d'EPUB savent lire les fichiers HTML.

Le **XHTML** ce n'est rien d'autre que du HTML avec des contraintes de formatage plus strictes. un EPUB contient des fichiers XHTML.

Le **CSS** (en anglais Cascade Style Sheets, feuille de style en cascade en français) est un langage de mise en forme qui permet de personnaliser le design d'une page HTML. On pourra définir dans la feuille de style la taille de la police de paragraphe, la couleur de fond, le positionnement des blocs, etc...

Un **éditeur HTML WYSIWYG** est un éditeur de code HTML en mode graphique. WYSIWYG signifie en anglais What You See Is What You Get : ce que vous voyez à l'écran est ce vous aurez en rendu. Avec un tel éditeur, il n'est plus nécessaire de connaître le langage HTML et CSS. C'est mieux de le connaître pour des réglages très avancés.

Pour créer un EPUB parfait, il faut :

- créer une couverture,

- créer autant de pages XHMTL que vous avez de chapitres, parties, etc.

- pour chaque page XHTML, ajouter du contenu (texte, images) et structurer la mise en forme comme vous le feriez pour un article de blog (titre, gras, liste à puces),

- personnaliser la mise en forme en ajoutant et éditant une feuille de style Style.css dans le répertoire Style,

- créer la table des matières,

- créer le titre et les métadonnées du livre.

Si vous avez bien fait le job, votre projet final ressemblera à cela :

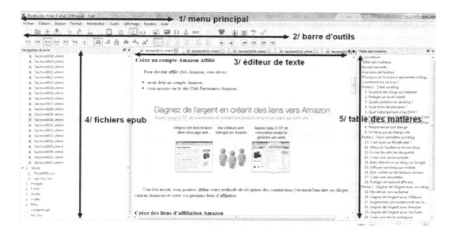

Figure 5-1 : Interface du logiciel Sigil

Voici les fonctions des différentes zones de navigation :

1. Le menu principal sert à créer des EPUB, à importer des fichiers (html, css, …), à enregistrer son travail ou à revenir dessus (ouvrir un projet existant).

2. La barre d'outils est l'équivalent de l'éditeur HTML d'un blog, on peut sélectionner les mises en forme, ajouter des images, des liens, passer en affichage code HTML (<>)

3. La zone éditeur de texte est l'endroit où il faut écrire vos chapitres. Chaque chapitre correspond à un fichier XHTML, on a la même navigation par onglet que sur un navigateur Web.

4. La zone fichier EPUB permet de réordonner les chapitres (fichiers XHTML), de créer et d'éditer la feuille de style.

5. La zone table des matières permet de naviguer dans vos chapitres, il faudra la créer depuis la barre d'outils ou le

menu principal.

Comment ajouter une couverture dans Sigil ?

Dans *Sigil* > *Outils*, cliquez sur *"Ajouter une couverture"* pour que celle-ci s'affiche aussi dans votre EPUB.

Figure 5-2 : Ajouter une couverture

Sigil créera un fichier cover.xhtml dans le répertoire Text en tête. Pensez à créer, juste après, une page XHTML crédits pour protéger votre œuvre et sourcer le design.

Figure 5-3 : Page crédits

Nous reviendrons en détail sur la création de couverture dans le chapitre 9 et sur les aspects légaux dans le chapitre 14.

Créez autant de pages XHTML que de parties

Dans Sigil, il faut que je crée autant de pages XHTML que j'ai de parties. Pour créer des pages XHTML, il suffit de faire un clic droit dans la zone fichier EPUB et de cliquer ensuite sur *"Ajouter une page HTML vierge"*.

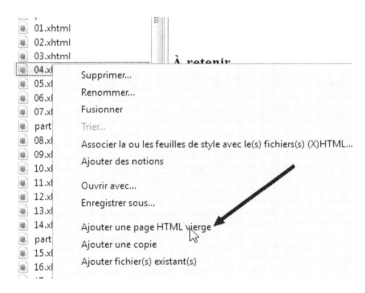

Figure 5-4 : Ajouter une page HTML vierge

NB : Vous pouvez aussi copier-coller l'ensemble du texte brut dans une page HTML et cliquez sur *"Scinder le curseur"* dans la barre d'outils pour créer une page HTML à chaque position de curseur voulue.

J'utilise pour ma part beaucoup cette fonction.

Figure 5-5 : Scinder à partir du curseur

Ajoutez le contenu de chaque page XHTML

Sélectionnez chacune de vos pages et ajoutez ensuite le contenu qui va bien :

- texte brut d'abord,

- mise en forme des titres et sous-titres,

- ajout des images ensuite.

Voilà un aperçu de ma page *"Avant-Propos"* bien formatée :

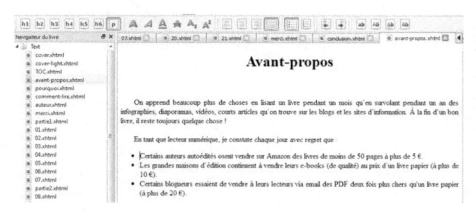

Figure 5-6 : Page « avant-propos » bien formatée

J'ai utilisé la barre d'outils pour créer un titre *"Avant-Propos"* de niveau 1 (H1), j'aurais pu mettre en gras certains bouts de texte et ajouter une image centrée. Il faudra répéter ce genre de manipulations sur l'ensemble de vos pages.

Personnalisez la mise en forme

Je n'ai pas encore défini la mise en forme de mon e-book. Les espacements sont très importants, tout comme l'indentation en début de paragraphe et la police Times New Roman.

Vous pouvez récupérer sur JediSaber (**http://jbv.ovh/ae-16**) quelques mises en forme CSS utiles.

Ajoutez une feuille de style vierge comme ceci :

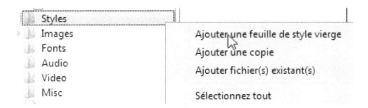

Figure 5-7 : Ajouter une feuille de style

Copiez-collez dedans le code que vous aurez récupéré sur JediSaber. Pour que vos fichiers XHTML en profitent, sélectionnez-les tous et cliquez sur *"Associer la feuille de style"*.

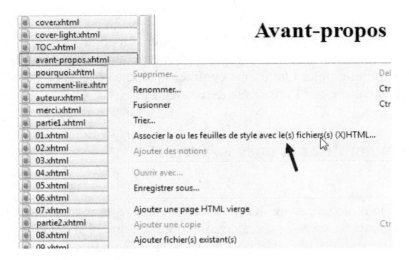

Figure 5-8 : Associer la la feuille de style

Et sélectionnez-la après comme ceci :

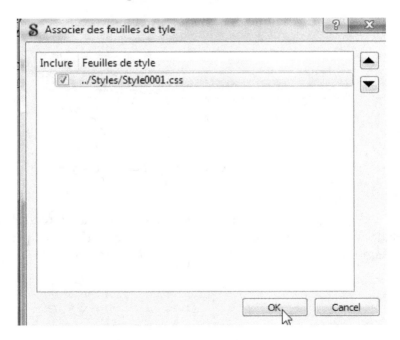

Figure 5-9 : Feuille de style associée

Après application de la feuille de style CSS, chaque début de paragraphe est bien indenté, mes titres H1 centrés et les images ont un léger encadré.

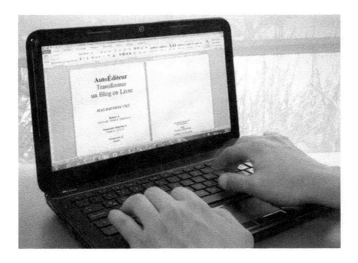

Écrire un livre

Quand on a une cathédrale dans la tête, on ne casse pas les cailloux de la même façon.
Boris Cyrulnik

Bientôt vous allez commencer à tapoter sur votre clavier des mots qui feront des phrases, puis des chapitres, puis à la fin un livre. Vous êtes en train d'écrire un

Figure 5-10 : Page intégrant une feuille de style

Créez la table des matières

Dans *Sigil* > *Outils*, cliquez sur *"Table des matières > Générer table des matières"* (ou CTRL+T).

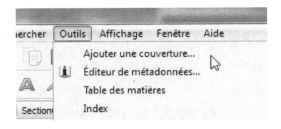

Figure 5-10 : Générer table des matières

La table des matières est créée grâce aux titres de niveau (H1, H2, H3…). Sélectionnez les éléments que vous souhaitez conserver à l'affichage comme ceci :

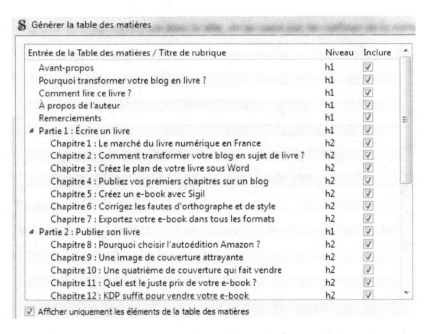

Figure 5-11 : Inclure ou exclure des éléments dans la table des matières

Vous pourrez toujours modifier les intitulés après en cliquant sur *"Éditer la table"*.

Figure 5-12 : Création d'une table des matières HTML

Je vous conseille également de créer une table des matières HTML (utile pour vos futurs lecteurs) que vous positionnerez après la couverture et les crédits.

Table des matières

Avant-propos
Pourquoi transformer votre blog en livre ?
Comment lire ce livre ?
À propos de l'auteur
Remerciements
Partie 1 : Écrire un livre
    Chapitre 1 : Le marché du livre numérique en France
    Chapitre 2 : Comment transformer votre blog en sujet de livre ?
    Chapitre 3 : Créez le plan de votre livre sous Word
    Chapitre 4 : Publiez vos premiers chapitres sur un blog
    Chapitre 5 : Créez un e-book avec Sigil
    Chapitre 6 : Corrigez les fautes d'orthographe et de style
    Chapitre 7 : Exportez votre e-book dans tous les formats
Partie 2 : Publier son livre
    Chapitre 8 : Pourquoi choisir l'autoédition Amazon ?
    Chapitre 9 : Une image de couverture attrayante
    Chapitre 10 : Une quatrième de couverture qui fait vendre
    Chapitre 11 : Quel est le juste prix de votre e-book ?
    Chapitre 12 : KDP suffit pour vendre votre e-book
    Chapitre 13 : CreateSpace pour transformer votre e-book en livre pa
    Chapitre 14 : Les démarches administratives et légales

Figure 5-13 : Table des matières HTML

Titre et métadonnées du livre

Dans *Sigil > Outils*, cliquez sur *"Éditeur de métadonnées"*.

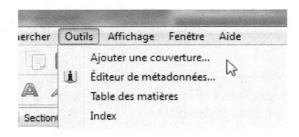

Figure 5-14 : Édition des métadonnées

Et ajoutez tout ce qui vous semble utile (y compris ISBN, si vous en avez un).

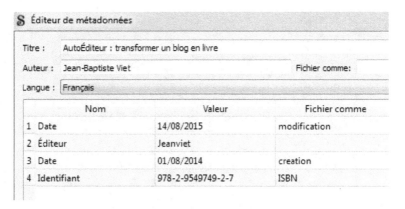

Figure 5-15 : Éditeur de métadonnées

NB : on vous redemandera ce genre d'infos au moment de la publication sur Kindle.

Comment ajouter des notes de bas de page ?

Dans mon précédent ouvrage *BlogBuster*, Lisa - contributrice sur BlogBuster.fr et relectrice du présent ouvrage - m'a fait part de ses regrets de ne pas avoir en lecture directe sur mon e-book les sources des chiffres et affirmations que j'énonçais.

Grâce aux notes de bas de page, vous pouvez facilement sourcer chaque affirmation. Voici comment vous devez procéder dans Sigil. Je vous préviens c'est un peu technique.

Passez en mode *"Affichage code"* en cliquant sur *"Affichage > Affichage Code"*

Note de bas de page dans le texte

En France, en 2014, selon GFK, le livre pesait un chiffre d'affaires de 3,9 milliards d'euros.[1]

Insérez, à côté de votre affirmation, le code HTML suivant :
`<a href="#footnote-1" id="footnote-1-ref"><sup>[1]</sup></a>`

Vous devriez voir un numéro cliquable en exposant en rebasculant en *"Affichage Livre"*.

Remplacez 1 par le numéro de votre note, si vous avez 5 notes et que vous êtes à la dernière note, vous devrez donc insérer ceci :
<a href="#footnote-5" id="footnote-5-ref">^[5]</a>

Source de la note de bas de page en fin de chapitre

[1] Chiffre d'affaires TTC ventes de détail (sortie de caisse en France métropolitaine). GFK, février 2015.

En bas de chaque chapitre, insérez l'ensemble des sources, précédez chaque source de son numéro de note avec un lien cliquable qui permet de revenir dans le texte.

Pour la note 1, il faudra ajouter ceci avant la source complète :
<a href="#footnote-1-ref" id="footnote-1">[1]</a>

Pour la note 5, ceci :
<a href="#footnote-5-ref" id="footnote-5">[5]</a>

À retenir

Sigil est l'outil de référence pour créer des e-books bien formatés. Ne publiez jamais un document Word brut sur Kindle, passez toujours par Sigil. Dans Sigil, vous aurez à créer :

- une couverture,

- des pages XHTML pour vos parties et chapitres,

- la table des matières,

- le titre et les métadonnées du livre.

Pour aller plus loin

Téléchargez Sigil ici : **http://jbv.ovh/ae-17**

Téléchargez mon modèle d'EPUB (code à saisir : 250) ici : **http://jbv.ovh/ae-18**

Et consultez ces tutoriels :

- Créer un e-book avec Sigil : **http://jbv.ovh/ae-19**

- Aide officielle de Sigil : **http://jbv.ovh/ae-20**

- Tutoriels de JediSaber : **http://jbv.ovh/ae-21**

6- CORRIGEZ LES FAUTES D'ORTHOGRAPHE ET DE STYLE

Doutez de tout, et allez chercher confirmation auprès de sources sûres.
Jacques-Line Vandroux

Qu'on le veuille ou non, la première version d'un livre est toujours truffée de fautes d'orthographe et de typographie. Si vous lisez peu de livres et avez l'habitude de faire une faute par phrase quand vous bloguez, vous allez vous arracher les cheveux en appliquant ce chapitre à la lettre.

C'est un mal nécessaire ! Vous ne pouvez décemment pas vendre un ouvrage rempli de fautes, ça ne fait pas pro du tout. Les risques de *bad buzz* (avec impact négatif sur vos ventes) sont trop grands pour que vous négligiez ce chapitre.

Si les acheteurs de votre ouvrage sont gênés par votre mauvaise orthographe au cours de leur lecture, ils ne tarderont pas à mettre de côté votre livre, vous le diront dans les commentaires Amazon et pourront même exiger un remboursement immédiat.

Avant de diffuser votre livre, il faut absolument que vous passiez au peigne fin sous Word (version livre papier) et sous Sigil (version e-book) :

- la mise en forme,
- les fautes d'orthographe,
- les fautes de typographie.

Quelques règles de typographie de base à respecter

Voici quelques règles typographiques pour lesquelles vous devez prêter une attention particulière :

- Chaque phrase d'une énumération (liste à puces) doit se terminer par une virgule ou un point.
- Les chiffres de 0 à 9 doivent être écrits au format texte : un, deux, trois.
- Les nombres supérieurs à 10 doivent être écrits au format numérique : 100, 200, 300.
- Il faut garder les accents dans les majuscules : Écriture.
- Il faut ajouter des espaces insécables avant les signes de ponctuation "?", ":", "!".

Créer des espaces insécables avant ?, !, :

Grâce à *Grimpez vers le top 100*, j'ai appris que pour ne pas avoir des signes de ponctuation qui se baladaient en début de ligne, il suffisait d'ajouter des espaces insécables avant ceux-ci.

Sur Sigil, vous pouvez utiliser, en mode code source, un de ces deux codes pour créer des espaces insécables :

- * *
- * *

Comme c'est fastidieux, mieux vaut utiliser la fonction *"Chercher et remplacer par"* pour trouver tous les *? ! :* et les remplacer par :

- * ?*
- * !*
- * : *

Figure 6-1 : Fonction « chercher et remplacer » par dans Sigil

Normalement, sur Word, les espaces insécables s'insèrent automatiquement. Si ce n'est pas le cas, vous pouvez en créer en saisissant simultanément sur votre clavier CTRL+MAJ+Espace.

Comment faire des listes à puce respectueuses des règles de typographie ?

Si vous écrivez des successions de phrases, chaque énumération doit commencer par une majuscule et se terminer par un point.

Exemple d'une énumération avec des phrases

- J'écris sans faire de fautes.

- Tu écris sans faire de fautes.

- Il écrit sans faire de fautes.

Si vous faites des énumérations de mots, il faut séparer chaque mot par une virgule, sauf le dernier qui se termine par un point et ne mettre aucune majuscule en début d'énumération.

Exemple d'une énumération avec des mots

Pour écrire un livre, vous avez besoin :

- d'un ordinateur,

- du logiciel Word,

- de beaucoup de temps.

Soignez la mise en forme de votre ouvrage

Pour que votre ouvrage soit agréable à lire, soignez bien les mises en forme Word et Sigil comme je vous l'ai exposé dans les chapitres 3 et 5.

Sur la version papier (Word), vous devrez penser en plus à :

- afficher la pagination en pied de page,
- rappeler le titre du chapitre sur la page de gauche (dans l'en-tête),
- rappeler le titre de la partie sur la page de droite (dans l'en-tête).

Sur la version e-book (Sigil), vous n'aurez, ni besoin de vous occuper de la pagination, ni des en-têtes (gérés nativement par les outils de lecture d'e-books), mais vous devrez en revanche prévoir une table des matières cliquable et bien ajouter les liens vers les chapitres, pages Web ou notes de bas de page.

Quelques outils pour corriger les fautes d'orthographe

Livre de conjugaison, dictionnaire, précis de grammaire ne seront pas de trop pour vous aider au moment de la rédaction à faire la chasse aux fautes.

Une fois le livre rédigé, vous pourrez utiliser des logiciels de correction automatique comme :

- Word (outil grammaire et orthographe dans l'onglet *Révision*).
- Antidote.
- Le Robert correcteur (disponible en version d'essai gratuite pour 30 jours).

Faites relire votre livre

Vous devez absolument faire relire votre livre par au moins cinq personnes différentes aux profils variés. Dans l'idéal, il vous faudrait :

- un maniaque de l'orthographe (il pointera les fautes),

- des novices complets dans un ou plusieurs sujets traités dans votre livre (ils pointeront les parties incompréhensibles pour les non-initiés),

- des experts dans un ou plusieurs sujets de votre livre (ils pointeront vos incohérences et approximations),

- des personnes qui ont l'habitude de lire sur liseuse ou tablette et qui utilisent l'application Kindle pour annoter les fautes.

Extraits de retour de lecture de Philippe (expert technique)

P75: attention mode intégriste libriste (qui en plus sort des Rencontres Mondiales du Logiciel Libre): un logiciel en mode Open Source ne veut pas forcément dire gratuit (selon la licence, les logiciels en Open Source peuvent être vendus). Un logiciel Open Source veut dire qu'il respecte les quatre libertés suivantes :

- liberté d'utilisation (pas besoin d'activation),
- liberté d'étude (ouverture du code),
- liberté de modification,
- liberté de duplication en vue de sa diffusion (gratuite ou pas).

WordPress adoptant la licence GPLv2, il correspond à ces critères. Concernant les plug-ins et thèmes, effectivement on y trouve de tout et n'importe quoi. Mais ils n'enfreignent en rien l'Open Source

Extraits de retour de lecture de mon père (novice en blogging)

Certains chapitres sont très techniques >> suggestion : proposer un glossaire en annexe expliquant tous les sigles cela te permettra de toucher un plus large lectorat.

Autre solution plus difficile : placer dans le texte des "cartouches" décrivant et expliquant ces process inconnus de la plupart des gens.

Vos relecteurs listeront vos fautes, vous feront bénéficier de leur expertise et vous donneront également un éclairage sur la compréhension globale de votre livre. Neuf relecteurs m'ont aidé pour *BlogBuster* et pour *AutoÉditeur*.

Sans eux, mes livres seraient encore truffés de fautes, des passages seraient restés obscurs pour pas mal d'entre vous et j'aurais dit des inexactitudes par endroit.

Entretenez une relation privée et personnalisée avec vos relecteurs

Vos relecteurs sont les personnes les plus importantes dans votre projet de livre. Ils vont vous aider à transformer votre diamant brut en diamant pur et seront vos premiers supporters au lancement du livre.

Comme le processus de relecture est long et qu'il repose sur du bénévolat, il faut parfaitement choyer vos relecteurs. Ils doivent être traités de façon prioritaire, avoir accès à des informations exclusives et être récompensés et mis en lumière tout au long de votre projet.

Traitez en direct par email ou au téléphone avec chaque relecteur. Dès que votre livre est au deux tiers de sa forme finale, contactez-les pour leur proposer de commencer la relecture.

Gérez bien vos relecteurs

Indiquez à vos relecteurs que vous pourrez leur fournir le manuscrit complet dans moins d'un mois et voyez avec eux quels sont le format de lecture, le mode d'échange, le timing les plus adaptés pour qu'ils puissent faire leurs retours en moins d'un mois.

Si vous avez des relecteurs très occupés, faites les travailler plutôt sur un ou deux chapitres où ils ont une réelle expertise et une plus-value à apporter. N'hésitez pas à les relancer s'ils vous oublient. Avoir 10 relecteurs au total, cinq dédiés à l'intégralité de votre ouvrage, cinq faisant des retours partiels me paraît être une bonne équation.

Chaque fois que vos relecteurs vous font des retours (il y en a qui préfèrent faire des retours en bloc, d'autres échelonnés dans le temps), intégrez-les immédiatement à votre brouillon et signalez à votre relecteur que vous l'avez bien pris en compte, après l'avoir remercié.

Vous n'êtes pas capable de mobiliser 10 relecteurs autour de votre ouvrage ? Faites-vous violence ! Car une fois votre livre publié, il faudra non plus mobiliser 10 personnes, mais des centaines ou des milliers (suivant votre genre littéraire) et il faudra en plus vous transformer en vendeur !

À retenir

Avant de diffuser votre ouvrage au plus grand nombre, vous devez absolument faire la chasse aux fautes d'orthographe, de grammaire et de typographie.

Soignez la mise en forme de votre livre sur ses déclinaisons numérique et papier. Faites relire votre ouvrage par au moins 10 personnes différentes en privilégiant les personnes équipées de liseuses et en mixant les profils (experts, novices et maniaques de l'orthographe).

Choyez chaque relecteur et essayez de tirer le meilleur de chacun en fonction de ses compétences et de ses contraintes de temps.

Pour aller plus loin

Voici quelques ressources utiles pour vous aider à faire la chasse aux fautes dans votre livre :

- 4 outils gratuits pour ne plus faire de fautes d'orthographe : **http://jbv.ovh/ae-22**

- Petites leçons de typographie (Jacques André, PDF) : **http://jbv.ovh/ae-23**

- Le Robert Correcteur (démo 30 jours) : **http://jbv.ovh/ae-24**

- Antitode, le remède à tous vos mots (JusteGeek.fr) : **http://jbv.ovh/ae-25**

7- EXPORTEZ VOTRE E-BOOK DANS TOUS LES FORMATS

Chacun son métier, les vaches seront bien gardées

Votre livre est presque terminé. Si vous avez bien suivi les précédents chapitres, il doit être disponible au format Word (.doc ou .docx), EPUB (grâce à Sigil) et sous forme d'articles de blog.

Il va falloir maintenant générer quelques versions pour les lecteurs de votre blog, vos relecteurs et les plateformes d'autopublication (une fois les remarques de vos relecteurs intégrées).

Quels formats pour quel public ?

Pour vos relecteurs qui disposent d'une liseuse, d'une tablette, ou d'un smartphone, il vaut mieux leur générer une version de votre livre au format .epub (si Kobo) ou .mobi[7] (si Kindle). Donnez-leur éventuellement aussi tout ou partie de votre livre au format Word s'ils sont plus à l'aise avec cet outil pour

---

[7] Les liseuses Amazon Kindle ne lisent les e-books qu'aux formats .mobi ou .azw (et pas en .epub). Le logiciel Kindle Previewer vous permet de convertir un EPUB en MOBI.

faire les annotations. On peut facilement commenter en mode révision un document Word avec l'option *Révisions > Nouveau commentaire*.

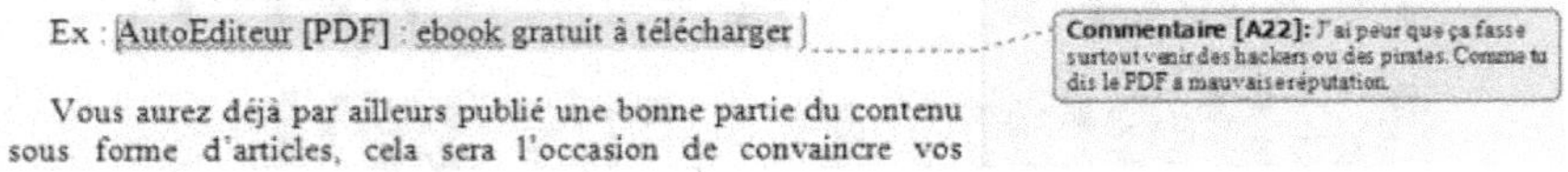

Figure 7-1 : Commentaire Word en mode révision

Pour publier un e-book sur Amazon (plateforme KDP), vous pouvez soumettre directement le fichier .epub généré par Sigil ou le transformer en .mobi (avec Kindle Previewer) pour avoir un rendu aussi fidèle que possible. On abordera la publication sur KDP en détail dans le chapitre 12.

Pour publier votre livre en version livre papier (plateforme CreateSpace), il faudra transformer votre fichier Word en document PDF. On abordera la publication sur CreateSpace en détail dans le chapitre 13.

KDP, CreateSpace : c'est quoi ça ?

KDP et CreateSpace sont les plateformes d'autopublication d'Amazon.

KDP (Kindle Direct Publishing) permet à tout un chacun de publier un e-book sur Amazon.

CreateSpace permet quant à lui de publier un livre papier sur Amazon sans avoir à s'occuper de l'impression (impression à la demande).

Pour vos lecteurs de blog fidèles, vous pourrez mettre à disposition vos premiers chapitres de livre aux formats PDF, .mobi et .epub. Ne leur donnez pas plus d'un tiers de votre ouvrage si vous voulez le vendre plus tard.

Livres : récapitulatif des formats

EPUB : extension .epub, est utile pour les possesseurs de liseuses alternatives à Kindle comme la Kobo.

MOBI et AZW : extension .mobi et .azw, est utile pour les personnes disposant d'une Kindle. C'est le format propriétaire des e-books Kindle.

Word : extension .doc ou .docx, est utile pour vos relecteurs. Ils vont pouvoir avec un document Word ajouter leurs corrections en commentaires.

PDF : extension .pdf, est utile pour créer votre livre papier. le format PDF est aussi le format de lecture de documents le plus populaire sur Mac et PC. Pas besoin de Word pour le lire, il suffit d'Acrobat Reader qui est gratuit.

Quels outils pour quelles conversions ?

- Pour générer un PDF de votre livre, utilisez Word et PDFCreator **(http://jbv.ovh/ae-26)**.

- Pour générer un fichier .epub, utilisez Sigil **(http://jbv.ovh/ae-27)**.

- Pour générer un fichier .mobi, utilisez Kindle Previewer **(http://jbv.ovh/ae-28)** avec le précédent fichier .epub.

- Pour avoir un fichier .mobi rapide sans mise en forme travaillée (utile pour vos relecteurs) à partir de votre document Word, vous pouvez utiliser le logiciel Calibre **(http://jbv.ovh/ae-29)**.

Calibre, c'est quoi ça ?

Calibre est un logiciel gratuit de gestion et de conversion d'e-books. Grâce à Calibre, vous pouvez transformer un EPUB, un fichier AZW Kindle, ou un document Word dans le format livre électronique de votre choix : AZW, EPUB, DOCX, MOBI, PDF...

Pensez à vos relecteurs d'abord

Avant de penser à la promotion ou la vente, perfectionnez au maximum votre produit. La promotion, puis la vente d'un bon produit seront à l'évidence favorisées.

Il faut donc d'abord partager vos écrits avec vos relecteurs, comme nous l'avons vu dans le précédent chapitre, au format de lecture qui leur convient le mieux pour faire des annotations.

Parallélisez vos tâches ! Générer un e-book parfait avec Sigil prend du temps. Je vous recommande de donner à vos relecteurs une version .mobi construite à partir de votre document Word (qui sera prête tout de suite), vous pourrez ainsi créer votre e-book avec Sigil pendant que vos relecteurs travaillent.

Ne vendez jamais votre livre en PDF

Le PDF a de plus en plus mauvaise réputation. C'est le format privilégié choisi par ceux qui piratent votre ouvrage pour le mettre en téléchargement gratuit sur des plateformes de *direct download.*

C'est également le format privilégié des vendeurs de rêves. Ils s'en servent d'abord pour collecter votre email et votre prénom en proposant un premier guide gratuit au format PDF.

Puis ils exercent ensuite sur leurs proies une pression psychologique pour les inciter à acheter des PDF à 49 € ou des formations vidéo à plus de 99 €, alors que les plateformes d'édition numérique les plus populaires proposent des livres d'auteurs de référence à moins de 20 € ou des vidéos de formateurs reconnus à moins de 50 €.

Vous êtes un auteur qui produit des écrits de qualité, ne prenez pas bêtement le risque d'être assimilé à un vendeur de rêves. Faites donc plutôt confiance aux plateformes de distribution numérique comme Amazon, Google Play, Fnac, Apple, dont c'est le métier !

Fidélisez vos lecteurs de blog avec des articles

Si vous avez lancé votre blog bien en amont de la publication de votre livre, et publié quelques articles intéressants en lien avec ce dernier, vous devriez générer quelques ventes auprès de vos lecteurs de la première heure quand vous annoncerez sur votre blog la disponibilité de votre e-book sur Amazon.

En attendant la commercialisation de votre livre et pendant que vos relecteurs parcourent votre manuscrit complet à la recherche de fautes, créez un article ouvert à tous dans lequel vous mettrez en avant un chapitre de votre e-book au format PDF.

Figure 7-2 : PDF hébergé sur Slideshare et intégré dans un blog

Vous pourrez l'intégrer en lecture directe grâce à *Slideshare* et obtenir ainsi des statistiques de consultation et de téléchargement très précises. Faites en sorte que le titre de votre article se positionne bien dans les moteurs de recherche sur ces mots clés fortement recherchés : PDF, gratuit, e-book.

Exemple de titre

Titre de votre livre [PDF] : chapitre gratuit de l'e-book à télécharger

Prévoyez aussi pour quelques lecteurs fidèles un accès restreint à un tiers de votre e-book aux formats MOBI (Kindle) et EPUB (autres liseuses). Vous pourrez leur envoyer directement par email ou créer un article protégé par un mot de passe simple que seuls les initiés et personnes de confiance pourront deviner.

Exemple de mot de passe à deviner pour les initiés

Le mot de passe se trouve dans le chapitre 27 de *BlogBuster* tout à la fin. C'est l'objectif de ventes mensuelles que je m'étais fixé pour le livre *BlogBuster*, il est actuellement de 90, vous pourrez constater que l'ambition était au départ plus grande et débloquer ainsi votre e-book ;)

N'hésitez pas aussi à indiquer à vos lecteurs que l'e-book au format EPUB peut être consulté sur Mac, PC, smartphone et tablette avec l'extension Firefox EPUBReader (**http://jbv.ovh/ae-30**) ou depuis n'importe quelle application Android, iPhone, iPad d'e-books.

Quand vous soumettrez votre e-book sur Amazon en version .mobi ou .epub, vous ne devez plus avoir de version gratuite disponible sur votre blog. Si Amazon la détecte, il pourra mettre tout votre livre en gratuit.

Votre article PDF sera aussi un bouclier contre les pirates

Votre précédent article "Titre de votre livre [PDF] : chapitre gratuit de l'e-book à télécharger" deviendra au fil du temps un bouclier contre les pirates.

Mon avis sur BlogBuster – Gagner de l'Argent avec un Blog
www.abcargent.com/avis-**blogbuster**-gagner-de-largent-avec-un-blog/
BlogBuster est le tout dernier bébé de Jean-Baptiste Viet. JB Viet, vous ne le connaissez peut-être pas, mais il est très actif et connu sur la blogosphère ...

Recherches associées à blogbuster

blockbuster	blogbuster 2013
blogbuster 2012	blogbuster **gagner de l'argent avec un blog pdf**
blogbuster 2011	blogbuster 2014
blogbuster **definition**	blogbuster **gagner de l'argent avec un blog**

Goooooooooogle >
1 2 3 4 5 6 7 8 9 10   Suivant

Figure 7-3 : Titre de votre livre associé à PDF dans Google

Cette page optimisée sur les recherches de votre livre associées à PDF et e-book gratuit se positionnera dans Google devant les plateformes de *direct download* qui ne tarderont pas à vous parasiter quand votre e-book sera en tête des classements Amazon.

Selon le baromètre SOFIA/SNE/SGDL de février 2015, 20 % des lecteurs de livres numériques ont eu recours à une offre illégale de téléchargement début 2015.

À retenir

Choyez vos relecteurs en leur livrant en exclusivité la première version de votre e-book au format le plus adapté à leur prise d'annotations.

Ne vendez jamais en direct votre e-book au format PDF, cela vous décrédibiliserait et vous ferait basculer du côté des vendeurs de rêves. Préférez les plateformes KDP (e-book) et CreateSpace (livre papier) d'Amazon pour garder votre prestigieux statut d'auteur.

Fidélisez les lecteurs de votre blog en leur proposant un aperçu de votre futur e-book. Contrez les chercheurs d'œuvres pirates en vous positionnant sur Google avec votre blog sur le nom de votre livre associé à PDF.

Pour aller plus loin

Voici quelques ressources pour vous aider à exporter votre livre vers vos relecteurs, vos lecteurs et les influenceurs :

- 4 logiciels gratuits pour créer des e-books au format PDF, EPUB, mobi : **http://jbv.ovh/ae-31**

- Convertir un doc Word en PDF : **http://jbv.ovh/ae-32**

- Lire un e-book Kindle : **http://jbv.ovh/ae-33**

- Offrir un e-book à un blogueur : **http://jbv.ovh/ae-34**

PARTIE 2 :
PUBLIER SON LIVRE

La forme, c'est le fond qui remonte à la surface.
Victor Hugo

Bravo ! Si vous êtes arrivés jusque-là c'est que votre livre est prêt à être publié.

Nous allons voir dans cette partie comment le diffuser en version numérique et papier sur Amazon grâce à KDP et CreateSpace.

Pour que votre livre sorte du lot sur Amazon et pour que vous puissiez toucher vos premiers revenus d'auteur en toute sérénité, nous aborderons également dans cette partie les aspects *packaging*, *pricing*, administratifs et juridiques.

8- POURQUOI CHOISIR L'AUTO-ÉDITION AMAZON ?

Le meilleur service client c'est quand le client n'a pas besoin de vous appeler, n'a pas besoin de vous parler, ça fonctionne !
Jeff Bezos – Président et fondateur d'Amazon

Quand un internaute français surfe sur Internet à la recherche d'un produit à acheter, quel est le premier site marchand sur lequel il se rend ?

Ce n'est ni Carrefour, ni la Fnac, mais Amazon.fr (16,7 millions de visiteurs par mois) qui comptabilise deux fois plus de trafic Internet que ces deux prestigieuses enseignes françaises.[8]

Si Amazon vend aujourd'hui de tout, son activité historique reste la vente de livres et tout a été fait chez le géant américain pour devenir le leader incontesté de la vente de livres au format numérique (activité plus rentable que l'édition papier, car nécessitant moins d'intermédiaires).

---

[8] Carrefour.fr : 6,3 millions de visiteurs / mois, Fnac.com : 7,8 millions de visiteurs / mois, Amazon.fr : 16,7 millions de visiteurs par mois, en mai 2015 selon Médiamétrie/NetRatings, Panel France.

Amazon, la plateforme d'édition qui vend le plus

Si vous ne deviez vendre votre livre (papier ou numérique) que sur une seule plateforme, Amazon serait la plateforme de choix en France. Première librairie en ligne en France et dans le monde, elle concentre 65 à 80 % des ventes d'e-books aux États Unis et en Angleterre.[9]

Amazon qui a fêté ses 20 ans en 2015 vendait déjà des livres sur Internet alors que Google et Facebook n'existaient pas. Amazon a sorti sa liseuse à encre électronique la Kindle en 2007, 3 ans avant l'iPad.

Apple (iOS) et Google (Android) ont beau être aujourd'hui les leaders incontestés en termes d'équipement de tablettes et mobiles, quand on veut acheter un livre numérique en 2015, on a deux fois plus de chance de l'acheter chez Amazon que sur les stores de Google et d'Apple.

Amazon était présent au début de l'Internet, a su construire une relation de confiance entre les auteurs et les lecteurs et propose maintenant des outils de lecture multiplateformes et synchronisés.

Une rémunération respectueuse des auteurs et des lecteurs

En observant l'évolution en France et dans le monde de l'édition numérique, on devine qu'un jour les auteurs se passeront de maison d'édition pour vendre directement leurs œuvres sur Amazon, Kobo, iBookstore.

---

[9] Au niveau mondial, Amazon confirme sa prééminence : l'entreprise couvre en 2014 plus de 65% des ventes de livres numériques aux États-Unis (Nielsen Books & Consumer's) et plus de 80% en Grande-Bretagne (UK Booksellers Association).

Les lecteurs sont sensibles au prix (un livre numérique doit être inférieur à 10 €, 5 € étant un bon prix) et quand on passe par une maison d'édition, il est pratiquement impossible de bien rémunérer l'auteur et l'éditeur tout en proposant un prix compétitif au lecteur.

Les auteurs se passent donc d'éditeurs, proposent des livres numériques à bon prix (moins de 5 €) et gagnent plus que si le livre avait été vendu 10 € par leur maison d'édition.

Un auteur garde au moins 60 % de marge en autoédition (soit 3 € dans notre exemple de livre à 5 €), quand pour l'édition classique, il ne touche qu'entre 6 et 12 % de royalties (soit entre 0,60 € et 1,2 € pour notre exemple de livre à 10 €).

L'auteur autoédité gagne donc trois fois plus en proposant un livre deux fois moins cher au lecteur.

Marge pour l'auteur en autoédition et en édition classique

Royalties en autoédition (60 %) pour un e-book vendu à 5 € : 5 x 0,60 (marge) = 3 € de royalties.

Royalties en édition classique (10 %) pour un e-book vendu à 10 € : 10 x 0,10 (marge) = 1 € de royalties.

Nous reviendrons plus en détail sur les prix des e-books et les calculs de marge dans le chapitre 11.

Simplicité pour charger ses e-books sur KDP ou CreateSpace

Amazon a développé une vraie plateforme dédiée aux auteurs où il suffit d' "*uploader*" des documents au format Word, EPUB, mobi, ou PDF pour publier son livre.

Uploader : c'est quoi ça ?

C'est l'envoi de votre fichier sur un serveur distant. Quand on télécharge un fichier avec du débit descendant sur sa machine, c'est du *download*. Quand on télécharge un fichier avec du débit montant sur une autre machine, c'est de l'*upload*.

Cela fonctionne même le dimanche, en moins de 24 heures et quelle que soit la plateforme choisie (KDP ou CreateSpace), c'est toujours le client final qui paie et l'auteur qui gagne de l'argent.

La meilleure expérience client pour vos lecteurs

Achetez une fois, lisez partout, c'est la promesse de la boutique Kindle d'Amazon.

Pas besoin de posséder une Kindle pour lire un e-book acheté sur Amazon, il suffit de télécharger l'une des applications de lecture Kindle gratuites pour pouvoir lire ses e-books sur PC, Mac, iPad, tablette Android, Surface, smartphone Android, iPhone.

La technologie Whispersync d'Amazon enregistre et synchronise automatiquement la dernière page lue, vos signets, notes et passages surlignés, pour vous permettre de les retrouver sur tous vos écrans.

Vous pouvez ainsi commencer à lire sur un appareil puis reprendre exactement où vous vous êtes arrêtés sur un autre appareil.

Au-delà de ce discours marketing un peu pompeux (mais réel), le parcours d'achat sur Amazon a vraiment été bien conçu. Une fois qu'Amazon a la carte bleue du client, il n'y a plus qu'à cliquer sur "Achetez avec 1-Click®" pour commencer à lire sur le terminal de son choix.

Figure 8-1 : Bouton Achetez avec 1-Click®

Le client pourra toujours annuler sa commande dans les 24 heures si le livre ne correspond pas à ses attentes ou s'il s'est trompé de livre.

Un signe qui prouve que le parcours d'achat sur Amazon est excellent, c'est le bon taux de conversion que j'observe quand je recommande un de leurs produits sur mon blog via l'affiliation. En moyenne, 6 visites sur 100 qui partent de mon blog vers une page produit Amazon se transforment en achat. Alors que le taux de conversion moyen d'un site e-commerce est en général plutôt de 2 sur 100.

Affiliation, visites, taux de conversion, c'est quoi ça ?

L'affiliation est une relation entre un marchand (affilieur), un site Web tiers (affilié) et une plateforme d'affiliation. Le site Web tiers est chargé de faire la promotion des produits du marchand moyennant le versement d'une commission à chaque vente qui a pour origine le site de l'affilié.

Visite : Consultation d'au moins une page d'un site au cours d'une session utilisateur.

Taux de conversion : c'est le nombre d'actions rapporté au nombre de visites. L'action peut être le remplissage d'un formulaire, le téléchargement d'une application, ou la vente d'un produit. Dans l'exemple précédent, il s'agit bien de vente.

Une seule plateforme pour optimiser votre visibilité

Un avantage notable à concentrer la distribution de son livre sur une seule et même plateforme est que vous réunissez en un seul endroit :

- vos ventes,

- vos avis,

- vos revenus,

- vos paiements.

D'un point de vue administratif, c'est plus facile à gérer, d'un point de vue optimisation de votre visibilité et de vos classements, c'est beaucoup plus efficace.

Des outils publicitaires et de recommandations à votre service

Amazon a aussi une grosse base d'abonnés emailing et investit beaucoup d'argent dans l'achat d'espace publicitaire chez Google et Facebook. Ils pratiquent beaucoup le ciblage publicitaire.

Exemple de ciblage publicitaire

Un client a vu votre livre sur Amazon mais ne l'a pas acheté faute de temps, il reverra votre livre plusieurs fois sur les annonces sponsorisées Facebook, sur les sites du réseau publicitaire Google et dans sa boîte mail pour peut-être l'acheter plus tard !

Autre terrain de jeu où Amazon excelle depuis des années, c'est sa capacité à faire sur son site des bonnes recommandations produits. Naviguez sur le site d'Amazon, sa page d'accueil, depuis deux PC différents vous constaterez que vous avez deux pages d'accueil différentes en termes de mises en avant.

Toutes les mises en avant ont été en effet personnalisées en fonction de votre navigation et de vos actions sur le site Amazon. Si beaucoup de clients ont acheté votre livre après avoir vu tel ou tel livre, Amazon intègrera ceci dans son algorithme de recommandations et vous aidera indirectement à vendre plus de livres !

Les avis clients qui arrivent en fin de parcours, juste au moment de la décision d'achat, sont aussi une des grosses forces d'Amazon. Tous les sites d'e-commerce intègrent désormais des avis sur leurs pages produits. Amazon l'a fait dès son lancement en 1994. Plus un produit a de nombreux avis récents, plus ce produit sera mis en avant.[10]

À retenir

Pourquoi vendre ses livres sur Amazon ? Parce que c'est tout simplement la première librairie en ligne et qu'elle offre la meilleure expérience de commande et de lecture à ses clients.

Pour aller plus loin

Si vous voulez vendre des livres avec Amazon, je vous recommande d'utiliser ces 3 services :

- Affiliation Amazon : **http://jbv.ovh/ae-35**

- Kindle Direct Publishing : **https://kdp.amazon.com/**

- CreateSpace : **https://www.createspace.com/**

---

[10] Avis Amazon et machine learning **http://jbv.ovh/ae-36**

9- UNE IMAGE DE COUVERTURE ATTRAYANTE

Une image vaut mille mots.
Confucius

Qu'est-ce qu'on regarde en premier dans un livre ? Son image de couverture. La couverture c'est le premier outil marketing visible entre le livre et le lecteur.

Intérêt d'avoir une couverture attrayante

Au-delà de garantir la visibilité de votre ouvrage au sein des sélections de livres au moment de la navigation sur Amazon.fr, votre image de couverture sera aussi reprise dans les dispositifs publicitaires d'Amazon, sur vos réseaux sociaux et par les blogueurs qui chroniqueront votre livre.

Il faut donc que votre couverture soit originale, professionnelle, colorée et fasse apparaître le titre du livre et son slogan de façon nette pour accrocher l'œil du lecteur même dans un petit format.

Voici peut-être l'élément le plus important pour assurer la promotion de votre livre sur Amazon et sur la blogosphère.

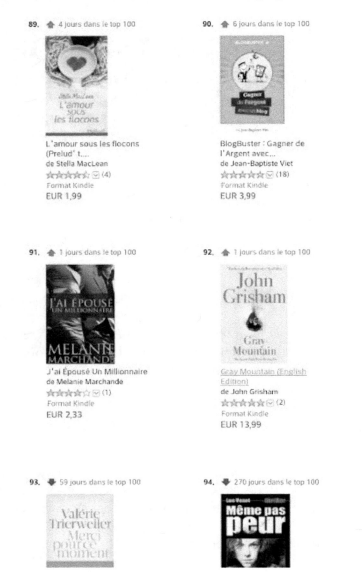

Figure 9-1 : *BlogBuster,* 6 jours dans le top 100 Amazon devant *"Merci pour ce moment".*

Les formats d'image et les recommandations d'Amazon

Dans l'e-book gratuit officiel d'Amazon *Préparation de votre livre pour Kindle* (**http://jbv.ovh/ae-37**), tout est dit sur les facteurs clés de réussite d'une bonne couverture.

"Lorsque vous téléchargez votre livre, vous êtes invité à télécharger l'image de sa couverture. Dans la mesure où les couvertures de livre influent sur les ventes, nous vous conseillons vivement de prêter attention à cet aspect. Voici quelques points à garder à l'esprit lorsque vous préparez votre couverture."

Format de fichier et dimensions :

- un fichier .jpg ou .tif(f),

- hauteur minimale de 1 000 pixels,

- rapport longueur/largeur idéal de 1,6 (ex. : 1 000 x 1 600),

- idéalement 2 000 x 3 200 px.

Informations à faire figurer sur la couverture :

- Titre [titre du livre]. Exemple : "AutoÉditeur : Transformer un Blog en Livre".

- Auteur [auteur(s) du livre]. Exemple : Jean-Baptiste Viet.

- Image de la couverture [une image représentative du contenu du livre et retenant l'attention des lecteurs].

Votre couverture s'affichera sur votre page produit Amazon et aura un impact direct sur les décisions d'achat des lecteurs. Elle sera également visible au format timbre-poste (100×160) avec les autres livres dans les rubriques et top ventes.

Il est donc important que le titre du livre soit lisible (grosse police + contrastes) même avec une résolution 100×160.

Attention aux droits sur vos photos et créations

Lorsque vous choisissez une photo d'illustration pour votre livre, assurez-vous qu'elle soit dans le domaine public ou que vous en ayez bien les droits d'exploitation.

Figure 9-2 : Photo d'illustration Business Success achetée 10€ chez Fotolia

On peut acheter des images d'illustration (avec droit d'exploitation) sur Fotolia. Pour être conforme avec la loi, il ne faudra pas oublier de citer l'auteur de votre image d'illustration ou de couverture dans votre page de garde. Même une image payée est toujours sous droit d'auteur et n'est pas utilisable dans toutes les situations. Faites bien attention à la licence associée et aux conditions d'utilisation.

Faire désigner sa couverture par un graphiste, c'est mieux

Mettez-vous cinq minutes à la place d'un lecteur à la recherche d'un e-book sur Amazon.

Personnellement, si je vois des couvertures avec un rendu amateur donnant l'impression d'avoir été réalisées par un enfant sur Paint, je les ignore, quel que soit le contenu de l'ouvrage.

Figure 9-3 *:* Ma couverture Paint ;)

Il vaut donc mieux confier vos travaux de couverture à un graphiste professionnel qui pourra décliner la création sur différents supports :

- E-book (un seul recto à réaliser).

- Livre broché (verso en plus à prévoir).

- Images de profil de vos comptes Facebook et Twitter.

Créer une couverture de livre originale avec un graphisme sur mesure, un logo travaillé, des illustrations originales, cela prend du temps (même pour un graphiste) et donc cela coûte de l'argent.

Figure 9-4 : Ma couverture professionnelle réalisée par Nicolas Aubert

Si j'avais dû payer la couverture ci-dessus (un jour de travail), j'en aurais eu facilement pour plus 500 €. Comptez entre 300 € (junior) et 650 € (senior) la journée de prestation d'un graphiste. Heureusement, Nicolas est un ami, et on a trouvé un moyen de troquer nos compétences. Je lui ai, par la suite, offert un jour de services à mon tour.

Il n'est bien sûr pas envisageable dans le cas d'un premier projet d'autoédition de mettre une somme pareille sur la table. Il vous faudrait vendre au moins 200 livres pour rentabiliser la dépense.

Les prestations de "Couverture simple" proposées par le site Kouvertures.com à partir de 100 € sont plus dans les fourchettes de prix d'un auteur autoédité. David D. Forrest qui les réalise a l'avantage d'avoir la double compétence auteur et directeur artistique. Il a de plus réussi à projeter ses e-books et ceux d'autres auteurs autoédités en tête des ventes, en partie grâce à ses couvertures.

Créer sa couverture soi-même avec Canva

Si vous n'avez pas de compétences en Photoshop, pas d'amis graphistes, pas de budget couverture, je vous recommande d'utiliser les *templates* e-book Kindle de Canva (**http://jbv.ovh/ae-38**) et de personnaliser vos textes et visuels comme je l'ai fait ci-dessous pour un projet test d'e-book à 1€.

Figure 9-5 : Couverture réalisée avec Canva.com

Canva est un logiciel en ligne de Web design qui permet de créer facilement des designs Web d'un simple "glisser-déposer".

Le service de base est gratuit, existe depuis bientôt 2 ans, et est utilisé par plus de 2 millions d'utilisateurs : 20 millions de designs ont été créés avec ce service Web.

Le service devient payant uniquement lorsqu'on utilise des éléments de design soumis aux droits d'auteur.

Dans l'illustration précédente, j'ai dû débourser 1 $ pour acheter l'illustration de smartphone en *Material Design*, j'ai recyclé mes bonhommes *BlogBuster* réalisés par Nicolas et j'ai utilisé un *template* gratuit fourni par Canva.com.

À retenir

Vous devez absolument avoir une couverture de livre au rendu professionnel. Celle-ci doit être agréable à regarder et faire ressortir le titre de votre livre, ainsi que votre nom d'auteur.

Si vous pouvez avoir l'aide d'un graphiste à bon prix, ne vous en privez pas. Assurez-vous de bien avoir acheté les droits des visuels que vous utilisez et sourcez-les dans votre page de garde.

Pour aller plus loin

Voici quelques ressources pour vous aider à créer une couverture d'e-book professionnelle :

- Fotolia : https://fr.fotolia.com/

- Canva : https://www.canva.com/create/book-covers/

- The Gimp : http://www.gimp.org/

- Kouvertures : http://kouvertures.blogspot.fr/

9 – UNE IMAGE DE COUVERTURE ATTRAYANTE

10- UNE QUATRIÈME DE COUVERTURE QUI FAIT VENDRE

Le consommateur doit savoir quoi acheter et pourquoi il va acheter dans les 15 secondes… Sinon vous l'avez perdu.

Parisa Zander, directrice merchandising Monde, Microsoft

Sur la page Amazon de votre livre, sous les informations de vente, vous avez le droit à un long descriptif rédigé par vos soins intitulé "présentation de l'éditeur". C'est l'équivalent de la quatrième de couverture d'un livre papier.

Après avoir vu votre couverture, la présentation de l'éditeur sera le premier texte qu'ira regarder votre futur lecteur. Ce texte doit donc donner envie de lire votre œuvre.

Utilisez les mots hypnotiques
qui incitent à l'achat

Imaginez que vous puissiez transformer vos écrits ou vos articles de blog en livre, que votre livre soit lu par des milliers de lecteurs en version e-book et livre papier, que grâce à l'autoédition vous puissiez en tirer des revenus réguliers tous les mois en gardant plus de 60 % de marge.

Votre livre serait visible sur Amazon avec des dizaines d'avis positifs, tous les blogs que vous appréciez en parleraient, parce que vos lecteurs auraient adoré votre style, le partage de vos exemples personnels et le prix de votre ouvrage.

Vous avez toujours rêvé d'écrire et de publier votre propre livre ? Vous voulez savoir comment faire sans perdre votre temps et votre argent avec un éditeur ?

Lisez tout de suite
AutoÉditeur : Transformer un Blog en Livre

Je viens d'utiliser trois mots hypnotiques dans les deux phrases qui ont précédé : **Imaginez**, **Vous** et **Parce que**.

Imaginez

Demandez à quelqu'un d'acheter un livre, il va tout de suite émettre une résistance naturelle et vous dire "non, merci".

En revanche, si vous lui dites "Imaginez qu'avec cet ouvrage vous puissiez transformer tout seul votre blog en livre", vous allez aussitôt rompre sa résistance.

On ne lui demande plus d'acheter un produit, mais d'imaginer ce qu'il pourrait faire grâce à ce produit. En visualisant son blog se transformer en livre, il se met à rêver à l'objet qui lui permettrait de passer à l'action et il l'achète à la fin de son plein gré.

Vous

Quand on s'adresse directement à vous, à vos besoins, à vos envies, quand on est à votre écoute, on construit une relation personnalisée, on flatte votre ego et vous vous laissez convaincre.

Parce que

En complétant votre promesse d'une preuve (parce que), vous rendez votre propos plus convaincant et vous mettez fin à toute opposition.

Des tests psychologiques ont été effectués autour de ces deux phrases :[11]

---

[11] Étude de l'imprimante, Ellen Langer, 1977

"Excuse-moi, j'ai cinq pages à photocopier, puis-je utiliser la Xerox maintenant parce que je suis très pressé ?"

"Excuse-moi, j'ai cinq pages à photocopier, puis-je utiliser la Xerox maintenant ?"

La première phrase (grâce au "parce que") a suscité 94 % d'accord, alors que la deuxième (sans "parce que") 60 % seulement.

Le "parce que" nous ramène aussi à l'enfance où nos parents arrivaient à mettre fin à tout débat simplement en disant "parce que c'est comme ça".

Le pitch du livre en une phrase

Comme nous l'avons vu dans le chapitre 2, il faut que vous soyez aussi capable de résumer le sujet de votre livre en une phrase (la promesse). Cette phrase doit être la plus vendeuse possible.

Rappel du pitch d'AutoÉditeur

Avec *AutoÉditeur* vous allez apprendre à créer en autoédition un livre, à le distribuer en version e-book et papier sur Amazon et à le faire connaitre sur Internet grâce à votre blog.

Vos records, votre légitimité, le *reason why*

Après la promesse, il faut donner les raisons d'y croire. Complétez le pitch de votre livre par des preuves vous concernant.

Exemple de mot de passe à deviner pour les initiés

Le mot de passe se trouve dans le chapitre 27 de *BlogBuster* tout à la fin. C'est l'objectif de ventes mensuelles que je m'étais fixé pour le livre *BlogBuster*, il est actuellement de 90, vous pourrez constater que l'ambition était au départ plus grande et débloquer ainsi votre e-book ;)

Rappel du reason why d'AutoÉditeur

Jean-Baptiste Viet, responsable marketing chez Orange.fr, blogueur à succès sur Jeanviet.info (200 000 € de revenus générés) et auteur du livre *BlogBuster* (n° 1 des ventes d'e-books Amazon Informatique et Internet pendant 1 an), explique dans ce livre comment il a réussi à transformer son blog en livre et à le vendre sur Amazon à plus de 1 000 exemplaires en e-books et livres papier sans éditeur, sans réseau de distribution physique, grâce à son blog.

Le public visé

Indiquez aussi brièvement à qui s'adressent les différentes parties de votre ouvrage.

À qui s'adresse *AutoÉditeur* ?

AutoÉditeur s'adresse aux blogueurs et aux auteurs (débutants ou confirmés) qui souhaitent créer en autoédition un livre, le distribuer en version e-book et papier sur Amazon et le faire connaître sur Internet grâce à leur blog.

Ce que va vous apprendre le livre

Je vous invite à détailler aussi les différentes notions que va traiter votre livre soit en mettant en avant quelques mots clés forts soit en affichant votre sommaire. La description ne doit pas dépasser 4 000 caractères.

Que vais-je apprendre avec *AutoÉditeur* ?

L'ambition de cet ouvrage est d'amener au lecteur de façon didactique, accélérée et accessible tous les savoir-faire d'un auteur autoédité : mise en page Word, création d'e-book avec SIGIL, publication sur Amazon KDP, impression à la demande avec CreateSpace, création de la couverture et de la quatrième de couverture, création d'entreprise, droit d'auteur, promotion sur les blogs.

Quelques avis de relecteurs au lancement

Au lancement de votre livre, vous n'aurez aucun avis sur votre page Amazon. Ajoutez donc les quelques avis que vous ont envoyés vos premiers relecteurs par mail et incitez-les à déposer des retours dans la zone "Écrire un commentaire client" sur votre fiche Amazon de livre.

Quand vos retours clients seront suffisamment fournis, vous pourrez retirer les premiers avis que vous aviez ajoutés manuellement.

Ajoutez aussi plus tard les quelques retours positifs de blogueurs, critiques littéraires qui auront chroniqué votre ouvrage.

Exemples pour *BlogBuster* :

"Si vous ne maîtrisez pas encore tous les rouages pour réussir sur le Web, investissez 3,99€ (si on peut dire) pour le livre de Jean-Baptiste Viet. Cet entrepreneur livre absolument tout ce qu'il a appris de ses 10 ans à développer des revenus via son site Web." - **WebRankInfo.com**

"Ce bouquin est bourré d'expériences et d'exemples personnels. Contrairement à d'autres ouvrages au titre tape-à-l'œil celui-ci tient ses promesses et vous guidera dans la bonne voie à suivre, celle pour gagner des euros ! C'est en quelque sorte un énorme tutoriel numérique pour mener à bien l'expérience du blogging." - **Blogmotion.fr**

Où éditer votre quatrième de couverture ?

Vous pouvez créer votre quatrième de couverture au moment de la publication sur KDP (Kindle Direct Publishing, la plateforme d'autopublication d'Amazon). Une fois publiée, je vous recommande de la mettre à jour via la page AuthorCentral d'Amazon (version anglaise) ici :

https://authorcentral.amazon.com

Vous pourrez ajouter ainsi du gras, de l'italique et ajuster la mise en forme en HTML.

À retenir

Pour rédiger une quatrième de couverture qui donne envie de lire votre livre, vous devez :

- vous adresser aux lecteurs avec des mots hypnotiques,

- résumer le livre en une phrase,

- donner aux lecteurs des raisons de croire à votre promesse,

- bien cibler vos lecteurs,

- résumer le contenu du livre,

- compléter votre descriptif avec des avis et des critiques.

Pour aller plus loin

Voici quelques ressources pour vous aider à créer une quatrième de couverture qui fasse vendre :

- Les 3 mots hypnotiques : **http://jbv.ovh/ae-39**

- La landing page qui tue : **http://jbv.ovh/ae-40**

- Page auteur Amazon : **https://authorcentral.amazon.com**

10- UNE QUATRIEME DE COUVERTURE QUI FAIT VENDRE

11- QUEL EST LE JUSTE PRIX DE VOTRE E-BOOK ?

Le prix, c'est ce que l'on paie, la valeur, c'est ce qu'on reçoit.
Warren Buffett

Trouver le juste prix pour un e-book n'est pas chose aisée. Il y a des tas de variables à intégrer dans sa réflexion au moment de fixer son prix de vente :

- Quel est le volume de ventes journalier d'un bon livre dans mon genre littéraire ?

- Quel est le prix de vente moyen de ce genre de livre ?

- Quelle peut être ma marge ?

- Quelle est l'élasticité du prix par rapport à la demande ?

- Combien de livres dois-je vendre pour rentabiliser mes 400 heures d'écriture ?

Comment connaître le volume quotidien d'e-books dans mon genre littéraire ?

Pour chaque e-book disponible sur Amazon, vous avez accès à son classement général.

Les auteurs qui ont la chance d'osciller entre la 1 000ème place du classement et la première savent précisément le nombre de ventes que leur rapporte un bon classement.

Nombre de ventes / téléchargements de *BlogBuster* en fonction du classement Amazon Kindle

- Quand mon livre est à la **1 000ème position du classement général,** je vends à peu près **3 e-books et 1 livre papier par jour.**

- Quand mon livre s'est retrouvé à la **15ème position du classement général** j'ai vendu **45 e-books et 15 livres papier dans la journée.**

- Quand mon e-book s'est retrouvé à la **deuxième position du classement général Kindle gratuit** (promotion gratuite sur 24 heures), **158 e-books ont été téléchargées** dans la journée sur Amazon.

Grâce à Jacques-Line Vandroux, dont les livres de son mari sont souvent dans le top 100 et les nouveautés dans le top 3, on a une vision beaucoup plus précise du nombre de ventes rattachées à un classement ici : **http://jbv.ovh/ae-41**

Pour jauger du potentiel de ventes d'un genre littéraire, allez voir le top 3 dans chaque rubrique, collectez les classements, et transformez cela en ventes.

Quelques exemples de classements Amazon par genre

- Le genre **"Informatique et Internet"** vend très peu : je suis régulièrement premier du classement avec un classement général à la **1 000ème position et 3 ventes par jour.**

- Alors que **les romans** cartonnent : plus de **100 ventes par jour pour le n°1** et vous ne trouvez pratiquement que des romans entre la première et 100ème position du classement général.

- Dans le classement **"Humour"**, le top 3 thématique est dans le top 20 général, soit au moins **50 ventes par jour.**

- Dans le classement **"Cuisine"**, le top 3 est dans le top 200 général, soit au moins **10 ventes par jour.**

Compte tenu des chiffres de ventes énoncés ci-dessus, un bon livre de cuisine se vendra mieux qu'un bon livre informatique. Si votre objectif est d'atteindre plus de 10 000 ventes de livres en un an, écrivez un roman plutôt qu'un livre pratique.

Quel est le prix de vente moyen d'un livre numérique ?

Il y a une forte élasticité négative entre le prix d'un e-book et sa demande. Plus un livre est cher, moins il sera acheté, ce constat est encore plus vrai quand le livre est écrit par un parfait inconnu (pas d'effet promotion dans les médias traditionnels qui pourraient le propulser dans le top 10 malgré un prix élevé).[12]

Lorsqu'on demande aux lecteurs combien ils sont prêts à payer pour un livre numérique, le prix se situe entre 5 et 10 € en fonction des genres. Au-delà de 10 € (seuil psychologique à ne pas dépasser), quel que soit le genre, plus de 50 % des lecteurs interrogés considèrent que le prix est trop cher.[13]

Il faut se rappeler que le livre de poche est à 8 €, qu'encore beaucoup de lecteurs sont attachés au format papier, et que si vous fixiez le prix de votre livre numérique à un prix supérieur au papier, les gens ne comprendraient pas (coûts de fabrication du papier plus élevés que pour le numérique).

Quelle sera ma marge ?

Pour inciter les auteurs à publier des e-books à des tarifs compétitifs, Amazon a encadré la marge de l'auteur à 70 % pour les e-books dont les prix sont compris entre 2,99 € et 8,95 €.

---

[12] Graphique ventes moyennes d'e-books en fonction du prix - Author Earnings (Data Guy) **http://jbv.ovh/ae-42**

[13] Étude livre Hadopi / GLN (slides 52 à 56) **http://jbv.ovh/ae-43**

Si vous êtes au-dessus du plafond ou en dessous du plancher, votre marge ne sera que de 35 %, à éviter donc !

Amazon prélève en plus 0,12 € de charges variables par méga (M) téléchargé. Si votre livre fait 5 M., vous perdez 0,42 € par vente (70 % x 5 M x 0,12) en plus des 30 % de marge d'Amazon.

Faites donc bien attention à ne pas avoir des livres trop lourds ou répercutez-le sur votre prix de vente. Tous les détails sur les tarifs, coûts, marges de votre e-book sur la plateforme KDP sont disponibles ici : **http://jbv.ovh/ae-44**

Et si on calculait ensemble la marge de l'e-book *BlogBuster* ?

Prix de vente : 3,99 €.
Poids de l'e-book : 5,4 M.
TVA du livre : 5,5 %.

Chiffre d'affaires hors taxe = 3,99 / 1,055 = 3,78 €
Frais techniques = 5,4 M x 0,12 € = 0,65 €

Chiffre d'affaires HT avec frais techniques
= 3,78 € - 0,65 € = 3,13 €

Ma marge est égale à 70 % de 3,13 €, soit 2,20 €.
Je touche donc 58 % des revenus hors taxe perçus par Amazon (3,78 €).

Chiffre d'affaires, marge, royalties, redevances : c'est quoi ça ?

Le **chiffre d'affaires** c'est le volume de ventes x le prix de vente.

La **marge** de l'auteur-éditeur c'est le chiffre d'affaires - les coûts de ventes (TVA, marge du distributeur, coûts techniques).

Les **royalties** correspondent dans le cas de l'autoédition à la marge précédemment définie (environ 60 % du prix de vente hors taxes). Si vous êtes édité par une maison d'édition, il ne vous restera plus que la marge de l'auteur comme royalties (entre 6 et 12 % du prix de vente hors taxes).

On utilise aussi le terme de **redevances** en français à la place de royalties pour qualifier les revenus dégagés par vos droits d'auteur.

Quelle stratégie de prix ?

Votre objectif doit être d'optimiser vos revenus nets quotidiens, c'est-à-dire : nombre de ventes x royalties (votre marge).

Au lancement, pour faire découvrir votre livre vous pouvez un peu rogner sur la marge (donc baisser le prix) et en vitesse de croisière, il faudra relever le prix à son optimum.

Plus on baisse le prix, plus on vend en volume.

Figure 11-1 : ventes moyennes / jour d'e-books
en fonction du prix

Il ne vaut mieux pas, comme je vous le disais, dépasser les 5 €
(ici ce sont des dollars), car la courbe de vente se casse nettement
après (premier seuil de prix psychologique franchi).

4,99 $ est le prix qui optimise le revenu quotidien.

Figure 11-2 : revenu moyen / jour en fonction du prix

On peut donc imaginer lancer son e-book à 2,99 € ou 3,99 € puis le remonter à 3,99 ou 4,99 € en vitesse de croisière (en fonction de son poids et de sa catégorie).

Essayez de garder entre 2 € et 3 € de marge. Ainsi si vous vendez entre 5 et 10 e-books par jour, cela vous rapporte entre 300 € et 900 € de revenus par mois. Ce n'est pas la fortune mais si le rythme est tenu, vous arriverez à rentabiliser vos heures d'écriture au bout d'un an.

Prix psychologique et bon prix

La fixation du prix sur Amazon est 100% libre. Il vaut mieux cependant essayer de construire des prix se terminant par *",99 €"* : 2,99 €, 3,99 €, ou 4,99 €. L'impact psychologique de tels prix est fort. Le lecteur en voyant ces prix se dira c'est un e-book à moins de 3 €, 4 €, 5 €.

Pour arriver à se démarquer des livres édités par les grandes maisons d'édition, l'auteur autoédité se doit de proposer des prix compétitifs.

Un livre complet de 300 pages à moins de 4 € aura un impact très positif au moment de la décision d'achat. Le lecteur se dira, j'y vais, j'en ai pour mon argent.

J'ai pu le constater dans tous les avis et articles de blogs qui ont été publiés sur mon livre.

Quelques retours de lecteurs sur le prix de mon livre

- *Mais au-delà de ces points positifs et négatifs, 4 € pour ces informations (ce n'est pas du papier, ce n'est pas du PDF), c'est presque donné, foncez !*

- *Avec un rapport qualité / prix que l'on aimerait retrouver dans d'autres livres.*

- *Bon bouquin et le prix est plus qu'attractif.*

- *Ajoutez-y beaucoup de pédagogie, plus d'une vingtaine de thèmes abordés (321 pages!), et un prix sous la barre des 5€, et vous avez là un investissement (modeste) obligatoire pour qui veut commencer son blog avec des ambitions sérieuses.*

Ne proposez jamais votre e-book en gratuit au lancement

On peut être tenté d'offrir son e-book à tous les lecteurs sur une période limitée pour rencontrer une forte demande au lancement. Ne le faites pas ! Cela ne profitera pas à votre classement dans les e-books payants juste dans les e-books gratuits (classement qui ne sert à rien, car par définition, il ne fait pas vendre). Amazon n'a pas fédéré les deux, volontairement.

Ce qui est gratuit n'a pas de valeur, votre livre a de la valeur, ne le dévalorisez pas tout de suite. Si vos lecteurs veulent du gratuit, ils iront sur votre blog et la publicité vous rémunérera. Si vous voulez jouer avec le gratuit pour engendrer du buzz, ne le faites jamais en début de cycle avec le livre phare que vous voulez vendre.

Quelques exemples de stratégies pour transformer du gratuit en payant

- Créer un e-book gratuit plus court (50 pages) qui donne quelques conseils et qui invite à la fin à acheter votre livre phare plus complet (comme je l'ai fait avec SoLoMo). **http://jbv.ovh/bbs-59**

- Si vous avez un deuxième livre en préparation et que le premier est en vente depuis plus d'un an, proposez le premier gratuitement en fin de cycle sur une période très limitée (exemple : 1 jour) pour inciter de nouveaux lecteurs à acheter votre deuxième livre qui sortira quelques jours plus tard.

Nous reverrons en détail un cas pratique dans le chapitre 17 dédié à KDP Select, outil marketing d'Amazon qui vous permet de créer des promotions gratuites de votre ouvrage.

À retenir

Pour se vendre en autoédition, un e-book ne doit pas coûter plus de 5 €. Les livres de fiction se vendent beaucoup mieux que les livres pratiques. Pour garder une marge intéressante, veillez à avoir un prix de vente supérieur à 2,99 € et inférieur à 8,95 €. Faites attention à ne pas charger trop d'images dans votre e-book. En effet, plus l'e-book est lourd, plus vous payez de coûts techniques et réduisez de facto votre marge.

Pour aller plus loin

Voici quelques ressources utiles pour vous aider à fixer le prix parfait pour votre e-book :

- Author Earnings : **http://authorearnings.com/**

- Étude Author Earnings décortiquée en français chez Next Inpact : **http://jbv.ovh/ae-45**

- Ma tribune sur le Nouvel Obs sur le prix trop élevé des e-books : **http://jbv.ovh/ae-46**

- Page de Tarifs KDP : **http://jbv.ovh/ae-44**

11- QUEL EST LE JUSTE PRIX DE VOTRE E-BOOK ?

12- KDP POUR VENDRE VOTRE E-BOOK SUR AMAZON

Mieux vaut faire une seule chose bien, que plusieurs à moitié.

Maintenant que vous avez un e-book sans fautes au format .mobi ou .epub, avec une belle image de couverture, une quatrième de couverture qui donne envie de lire et un prix attractif, vous êtes prêt à publier votre e-book sur Kindle Direct Publishing (KDP).

KDP : la plateforme d'autopublication d'e-books d'Amazon

KDP : c'est quoi ?

KDP signifie **Kindle Direct Publishing** (en français publication en direct sur Kindle). C'est la plateforme d'autopublication de livres numériques d'Amazon.

Avec KDP, vous allez pouvoir publier sur Amazon tout seul

votre livre au format e-book dans le monde entier. Les lecteurs francophones de votre blog qui sont en France, en Europe, au Canada, au Brésil, aux États-Unis pourront ainsi lire votre e-book en allant sur le site d'Amazon.

Les avantages de KDP :

- La plateforme est ouverte à tout le monde : auteurs, éditeurs, particuliers, blogueurs…

- Vous n'avez rien à payer pour être visible (contrairement aux stores d'applications Google Play et App Store d'Apple).

- Pas besoin de connaissances techniques : c'est mieux de mettre en ligne un livre au format .epub ou .mobi (pour la mise en forme), mais vous pouvez très bien charger aussi un document Word.

- Votre e-book est disponible au format Kindle sur Amazon (la première librairie numérique dans le monde) en moins de 24 heures.

Les inconvénients de KDP :

- Les libristes puristes pourront vous dire que votre e-book n'est ni disponible dans le format ouvert de référence (EPUB), ni en PDF. Les e-books achetés sur Amazon ne sont en effet lisibles (format .azw) qu'au sein de l'écosystème Kindle.

- Si vous prenez l'option KDP Select (nous y reviendrons dans le chapitre 17), vous devrez l'exclusivité à Amazon. Impossible alors d'acheter votre e-book ailleurs.

Logiciel libre, format ouvert, libriste : c'est quoi ça ?

Un **logiciel libre** est un logiciel disponible pour tous (très souvent gratuit) que l'on peut modifier ou redistribuer.

On entend par **format ouvert** tout protocole de communication, d'interconnexion ou d'échange et tout format de données interopérable et dont les spécifications techniques sont publiques et sans restriction d'accès ni de mise en œuvre.[14]

Un **libriste** est attaché à l'utilisation et à la promotion des logiciels libres et des formats ouverts.

Je n'ai pas de liseuse Kindle, comment puis-je lire votre e-book ?

Si la surface d'exposition numérique de votre livre publié sur KDP se limitait aux liseuses Kindle, ça serait très compliqué pour vous de vendre.

---

[14] Loi n° 2004-575 du 21 juin 2004 pour la confiance dans l'économie numérique définissant les formats ouverts (article 4 de la loi).

Heureusement, Kindle est aussi disponible sous forme d'application et de site Web (**http://lire.amazon.fr**), vos lecteurs peuvent ainsi également vous lire sur PC, Mac, smartphone Android, Windows Phone, iPhone, tablette Android, iPad.

Rien de plus confortable pour lire qu'une liseuse à encre électronique (surtout en plein soleil). Si vos lecteurs ont une Kobo ou une vieille Sony Reader, ils ne pourront pas charger directement votre e-book Kindle.

En revanche, si vous n'avez pas mis en place de DRM au moment de la publication sur Amazon, ils pourront très bien transformer votre fichier Kindle .azw en fichier .epub compatible avec votre liseuse en utilisant le logiciel Calibre (**http://jbv.ovh/ae-47**). Je vous recommande bien sûr de ne pas mettre de DRM.

N'hésitez pas à leur indiquer la marche à suivre sur votre blog (j'ai créé pour ma part un article dédié : **http://jbv.ovh/ae-33**) et à les aider par mail ou sur les réseaux sociaux s'ils venaient à vous contacter pour des problèmes de compatibilité.

Figure 12-1 : Problème de lecture Kindle résolu en cinq minutes sur Facebook ;-)

Comment publier sur KDP en 5 étapes ?

Pour publier sur KDP, rendez-vous à cette adresse pour créer votre compte : **https://kdp.amazon.com**

Étape 1 : créez votre projet

Une fois votre compte créé, rendez-vous sur **https://kdp.amazon.com/bookshelf**

Cliquez alors sur "*Ajouter nouveau titre*" (en haut à gauche)

Figure 12-2 : Ajouter un nouveau titre sur Kindle

Étape 2 : chargez vos métadonnées

Il faudra ensuite indiquer le titre de votre livre, sa description (quatrième de couverture), son auteur et son éditeur (vous), ses deux catégories (principale et secondaire), ses sept mots clés.

3. Cibler votre lectorat

Rubriques (Qu'est-ce que c'est?)

ORDINATEURS > Web > Blogs
ÉCONOMIE ET ENTREPRISE > Travail à domicile

Figure 12-2 : Choix des catégories sur Kindle

Si vous voulez maximiser les chances que votre e-book soit vu sur les classements de catégories Amazon, vous avez tout intérêt à prendre deux catégories principales différentes. Choisissez les sous-catégories les plus appropriées à votre livre en faisant en sorte qu'elles soient bien rangées dans deux catégories principales différentes.

Catégories principales que j'ai choisies pour *AutoÉditeur*

- Ordinateurs.

- Économie et Entreprise.

Les mots clés vous aideront à remonter sur les recherches des internautes au sein du store Amazon. Privilégiez les marques (très demandées) et les recherches populaires en lien avec votre ouvrage (deux ou trois mots clés).

Pour vous aider à trouver des mots clés ou expressions populaires, vous pouvez utiliser ces deux outils :

- Outil de planification des mots clés Google AdWords. **http://jbv.ovh/ae-49**

- Autocomplétion de Google ou Ubersuggest **http://ubersuggest.org/**

Mots clés que j'ai choisis pour *AutoÉditeur*

- écrire un livre,

- publier un livre,

- créer un e-book,

- promouvoir un livre sur Internet,

- autoédition amazon,

- createspace,

- kdp.

On vous demandera aussi d'indiquer que l'ouvrage est bien de vous (pas du domaine public), de vous inscrire à KDP select (je vous recommande de le faire, voir chapitre 17) et de fournir un numéro ISBN (je vous recommande de le faire aussi, voir chapitre 14).

Étape 3 : *uploadez* votre e-book et votre image de couverture

Chargez ensuite votre e-book et votre image de couverture. Avant la première publication, vous pourrez toujours modifier ces éléments.

Étape 4 : fixez le prix de votre e-book

Reprenez les conseils que je vous ai donnés au chapitre 11 pour fixer un prix de vente compétitif et qui vous permette de dégager une marge de 70 % (sans frais techniques).

Votre prix devrait normalement se situer entre 2,99 € et 8,95 €.

Étape 5 : publiez votre ouvrage

Une fois que tout est bon au niveau de l'e-book, de la couverture, du descriptif et du prix, vous n'avez plus qu'à publier. Une fois la première publication faite, vous pourrez toujours modifier ces éléments.

Petite précaution à prendre tout de même avec le contenu de votre e-book : seuls vos nouveaux lecteurs verront les modifications en cas de nouvel *upload*. Assurez-vous donc que votre e-book est parfait avant de le publier.[15]

Si vous devez faire une mise à jour majeure et que vous souhaitez que tous vos lecteurs la reçoivent, il faudra contacter KDP ici : **https://kdp.amazon.com/contact-us**

La première publication de votre ouvrage sur Amazon prend moins de 24 heures. Les modifications qui suivront de vos prix, quatrième de couverture, prendront à chaque mise à jour quelques heures pour se propager.

---

[15] Mettre à jour votre livre **http://jbv.ovh/ae-50**

Comment suivre ses ventes KDP ?

Pour suivre les ventes de vos e-books, rendez-vous dans l'onglet Rapports de KDP. Vous aurez accès à :

- vos ventes en volume,
- vos locations exprimées en pages lues (KDP Select),
- vos redevances (marge que vous touchez pour chaque vente);
- l'historique de vos paiements.

Suivi des ventes de l'e-book *BlogBuster* sur 30 jours

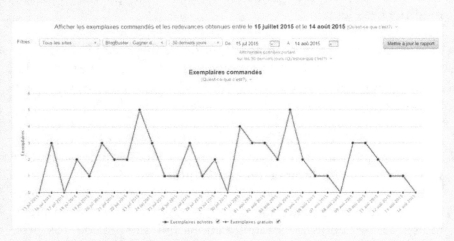

Figure 12-3 : Suivi des ventes / jour d'e-books sur KDP

Quand suis-je payé par Amazon ?

Amazon paie vos redevances à 60 jours fin de mois. Le paiement que vous recevez fin juillet correspond en fait à l'activité du mois de mai.[16]

Et les autres plateformes d'autoédition ?

Si vous n'avez pas choisi KDP Select, il peut être intéressant de proposer votre e-book aussi sur d'autres plateformes comme iBookStore (Apple) ou Kobo (liseuse commercialisée par la Fnac en France).

Sachez tout de même qu'en termes de part de marché les plateformes alternatives à Amazon représentent dans le monde au mieux un tiers des ventes d'e-books, quand Amazon représente plus des deux tiers.

Propos à nuancer en fonction des auteurs et des sujets traités : chaque plateforme a en effet une affinité particulière avec un type de lectorat et un type de sujet.

Chris Simon - auteure de nouvelles - vend très bien sur la plateforme Kobo (**http://jbv.ovh/ae-52**). **Nicolas Kapler** - auteur de romans érotiques (entre autres) - vend très bien sur Kobo et Google play et très mal sur iBookStore (**http://jbv.ovh/ae-53**). Faute au parti pris éditorial étrange d'Apple de ne pas avoir prévu de catégorie livres érotiques (un des genres qui se vend le mieux en e-book).

---

[16] Délais de paiement précisés ici : **http://jbv.ovh/ae-51**

Mon collègue auteur et webmaster **Michel Martin**, bien connu des communautés Microsoft (Microsoft MVP depuis 2004), vend en ce moment plus d'e-books informatiques sur le store d'Apple que sur le store d'Amazon.

Il est en effet plus agréable de consulter son guide Windows 10 (riche en captures d'écran) en couleurs sur tablette iPad (**http://jbv.ovh/ae-54**), qu'en noir et blanc sur une liseuse Kindle.

Beaucoup de lecteurs pensent à tort que le passage sur le store officiel du terminal (ici l'iBookStore d'Apple) pour consulter l'e-book est obligatoire alors qu'ils auraient pu l'acheter sur Amazon et le consulter ensuite sur l'application Kindle de leur iPad.

Comment Michel Martin publie-t-il ses e-books informatiques ?

Michel Martin : *Tous mes e-books sont publiés via la plateforme de distribution Immatériel. Le principe est simple : après s'être inscrit, on sauvegarde son e-book au format EPUB. J'utilise pour cela un Mac mini et le logiciel Pages, puis je soumets ensuite l'EPUB à Immatériel.*

Une fois l'e-book accepté, il peut être publié sur ePagine, Dilicom, Fnac.com, Apple iBookstore, Bookeen, Archambault, Decitre, Interactive, Carrefour/NOLIMSTORE, Amazon Kindle et Kobo.

Une fois le livre mis en place, on obtient des statistiques de ventes par semaine :

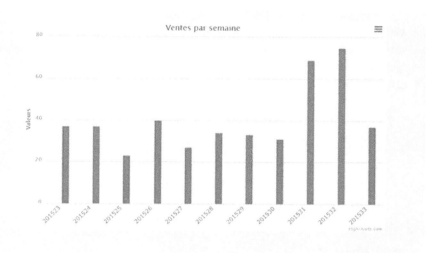

Figure 12-4 : Suivi des ventes hebdomadaires d'e-books sur Immatériel

Mais aussi les ventes comparatives par semaine sur les différentes plateformes, ce qui permet de se faire une idée de la performance des différentes plateformes pour un type de livre donné :

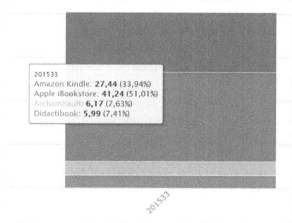

Figure 12-5 : Répartition des ventes par store (semaine 33)

Petite précision sur le retour de Michel : Immatériel n'est ouvert qu'aux éditeurs avec un fond de catalogue important (plusieurs dizaines de références). Ils ne prennent qu'une commission de 10 % sur leur remise revendeur ce qui permet à l'éditeur de conserver une marge intéressante (environ 60 % sur le prix de vente hors taxe de l'e-book).

Quand publier sur les autres plateformes d'autoédition ?

La première année d'exploitation de votre ouvrage, j'aurais tendance à vous conseiller de réserver l'exclusivité de votre e-book pour Amazon afin de gagner en simplicité et efficacité (classement, concentration des avis) et de profiter des outils de promotion de KDP Select (promotion gratuite, Kindle Unlimited).

En année deux, il peut être intéressant de réfléchir à vous passer de cette exclusivité et de tester ce que donnent les autres plateformes. Je ne l'ai pas encore fait pour ma part, mais je pense sérieusement proposer un jour *BlogBuster* sur les stores Apple et Kobo pour mieux toucher les lecteurs technophiles adeptes des formats ouverts.

Le service d'autopublication Smashwords (équivalent d'Immatériel pour les auteurs autoédités) semble bien répondre à ce besoin : il vous aide à publier votre e-book sur les plateformes alternatives à Amazon (iBooks, Kobo, Fnac...) tout en vous garantissant une marge de 60 % sur votre prix de vente.

À retenir

Pour la première année d'exploitation de votre ouvrage, je vous recommande de ne vendre votre e-book que sur KDP et de vous inscrire au programme KDP Select pour booster vos classements. KDP est la plateforme d'autoédition la plus simple et la plus rémunératrice.

En année deux, vous pourrez arrêter l'exclusivité Amazon et diffuser en plus votre e-book vers des plateformes alternatives en utilisant notamment le service Smashwords.

Pour aller plus loin

Quelques retours d'auteurs autoédités pour vous aider à bien choisir vos plateformes :

- Michel Martin : **http://jbv.ovh/ae-55**

- Nicolas Kapler : **http://jbv.ovh/ae-53**

- Chris Simon : **http://jbv.ovh/ae-52**

13- CREATESPACE POUR TRANSFORMER VOTRE E-BOOK EN LIVRE PAPIER

Il faut le voir pour le croire.

Au lancement de mon e-book, beaucoup de personnes m'ont fait part de leur regret de ne pas pouvoir lire *BlogBuster* en version livre papier.

J'ai donc décidé de préparer la version papier deux mois après la sortie de l'e-book.

Il m'aura fallu une quinzaine de jours pour préparer les PDF requis et mettre en place l'impression à la demande avec CreateSpace (encore un service d'édition d'Amazon).

Un livre papier pour toucher tous les lecteurs

Personnellement, je suis un adepte inconditionnel de la lecture sur liseuse Kindle. C'est quand même bien pratique d'avoir un terminal qui tient dans la poche, qui peut contenir encore plus de livres qu'on a dans sa bibliothèque, que l'on peut utiliser de jour comme de nuit avec un gros confort de lecture (écran non lumineux de jour), sans avoir à se préoccuper de son autonomie (30 jours sans charge).

Ce qui est encore mieux, c'est qu'avec une liseuse, on peut acheter des livres dès que l'envie nous prend. La lecture est instantanée et cela nous coûte deux à trois fois moins cher que l'achat d'un livre papier.

Malheureusement, beaucoup de personnes ne sont pas encore équipées de liseuses et je dois reconnaître que la lecture sur écran lumineux n'est pas des plus agréables.

Avec CreateSpace, plus besoin non plus d'éditeur pour commercialiser votre livre au format papier.

CreateSpace : c'est quoi ?

CreateSpace c'est la plateforme d'autoédition papier d'Amazon. Avec CreateSpace, vous allez pouvoir transformer un e-book en livre papier. Vous pourrez commander votre propre stock de livres à tarif préférentiel (sans marge de distributeur) et publier vos livres en version papier sur Amazon sans rien payer.

En fait, c'est le client final qui paie la chaîne complète. En vendant mon livre à 14 €, Amazon se prend 11 € (6 € pour la fabrication et le transport, 4,60 € de marge de distribution) et moi je gagne 3,40 € de royalties.

Le type de papier à choisir dans CreateSpace

Une fois inscrit à CreateSpace, vous allez devoir choisir un format de papier et de couverture pour votre livre.

Voici les réglages de papier que j'ai choisis dans CreateSpace :

- Intérieur du livre : 6" x 9" (15.24 x 22.86 cm), Black & White on White paper.

- Couverture : Glossy.

Le format 6" x 9" est le format standard livre broché qui se vend le mieux sur Amazon. Tous les réglages que je vais vous indiquer ensuite se basent sur ce format.

Générez un PDF pour l'intérieur et deux visuels pour la couverture

Reprenez le document Word de votre livre (sans la couverture, voir chapitre 3) et générez un PDF à partir de celui-ci.

CreateSpace vous demandera ce PDF pour créer l'intérieur de votre livre.

La couverture (recto) et la quatrième de couverture (verso) font l'objet d'un envoi séparé. Vous devrez soumettre deux images en haute résolution. Relisez les chapitres 9 et 10 pour bien préparer votre couverture et quatrième de couverture.

Un aperçu de votre ouvrage avant impression

Lorsque vous aurez téléchargé votre PDF sur CreateSpace, vous pourrez consulter un rendu numérique avant impression (digital proof). C'est l'occasion de vérifier que tout est impeccable niveau mise en page, images, typographie.

Vous pourrez aussi constater l'importance des marges intérieures et extérieures (que l'on a créées au chapitre 3) en feuilletant votre livre. Si du texte sort de l'encadré en pointillé, il sera illisible à l'impression.

Vous pourrez aussi commander des épreuves de test à tarif préférentiel (sans votre marge et celle du distributeur, mais avec des coûts de transport élevés) directement auprès de CreateSpace avant et après la publication. Je vous recommande d'en commander une dizaine à chaque fois pour réduire les coûts de transport (commande en partance des États-Unis).

Combien coûte une commande de 15 exemplaires de *BlogBuster* en direct de CreateSpace ?

- Coût de fabrication des livres : 15 x 4,20 € par livre = 63 € au total.

- Coût de transport (livraison standard en 15 jours) : 39 € au total, soit 2,60 € par livre.

- Coût total de la commande = 102 € au total, soit 6,80 € par livre.

Comment suivre ses ventes CreateSpace ?

Pour suivre les ventes de vos livres papier, rendez-vous dans la vue *View Reports*. Vous aurez accès à :

- vos ventes en volume,
- vos redevances (marge que vous touchez pour chaque vente),
- l'historique de vos paiements.

Suivi des ventes du livre *BlogBuster* sur les 14 premiers jours d'août 2015

Results

Sale Date	Title Name	Sales Channel	List Price	Unit Fees	Qty	Royalty	Payment Status
Total					11	-	
2015-08-03	BlogBuster : Gagner de l'Argent...	Amazon Europe - EUR	€13.26	€4.58	1	€3.37	unpaid
2015-08-03	BlogBuster : Gagner de l'Argent...	Amazon Europe - EUR	€13.26	€4.58	1	€3.37	unpaid
2015-08-03	BlogBuster : Gagner de l'Argent...	Amazon Europe - EUR	€13.26	€4.58	1	€3.37	unpaid
2015-08-04	BlogBuster : Gagner de l'Argent...	Amazon Europe - EUR	€13.26	€4.58	1	€3.37	unpaid
2015-08-04	BlogBuster : Gagner de l'Argent...	Amazon Europe - EUR	€13.26	€4.58	1	€3.37	unpaid
2015-08-04	BlogBuster : Gagner de l'Argent...	Amazon Europe - EUR	€13.26	€4.58	1	€3.37	unpaid
2015-08-06	BlogBuster : Gagner de l'Argent...	Amazon Europe - GBP	£10.50	£4.02	1	£2.28	unpaid
2015-08-07	BlogBuster : Gagner de l'Argent...	Amazon Europe - EUR	€13.26	€4.58	1	€3.37	unpaid
2015-08-09	BlogBuster : Gagner de l'Argent...	Amazon Europe - GBP	£10.50	£4.02	1	£2.28	unpaid
2015-08-10	BlogBuster : Gagner de l'Argent...	Amazon Europe - EUR	€13.26	€4.58	1	€3.37	unpaid
2015-08-12	BlogBuster : Gagner de l'Argent...	Amazon Europe - GBP	£10.50	£4.02	1	£2.28	unpaid

Figure 13-1 : Suivi des ventes CreateSpace

Vous remarquerez que vous avez de temps à autre des paiements en pounds (impression au Royaume-Uni) et en euros (impression en Europe continentale).

Quand suis-je payé par Amazon ?

Amazon paie vos redevances CreateSpace à 30 jours fin de mois. Le paiement que vous recevez fin juillet correspond en fait à l'activité du mois de juin.

Quid de l'édition classique ?

L'édition classique ne présente un intérêt pour vous que dans le cadre de la commercialisation de votre ouvrage en version papier. Avec CreateSpace, votre livre n'a quasiment aucune chance de figurer en réseau de distribution physique (vente limitée à Amazon et ses partenaires).

Si vous êtes signé par un gros éditeur et que la problématique de votre livre est suffisamment grand public, vous pourrez aspirer à voir votre livre dans les Fnac, grandes et moyennes surfaces et chez les libraires.

Il vaut toujours mieux se lancer seul en autoédition lorsqu'on vend des e-books, car la marge est plus intéressante pour l'auteur et vous avez la possibilité de proposer un prix attractif aux lecteurs.

Si le succès en version e-book est au rendez-vous (plus de 10 000 ventes), faites comme **Aurélie Valognes**, laissez venir les grandes maisons d'édition à vous (**http://jbv.ovh/ae-56**) pour choisir l'éditeur qui vous permettra de garder le plus possible la maîtrise de vos droits numériques et la plus forte exposition de votre livre papier en magasins physiques.

Combien de ventes peut-on espérer en édition classique pour un livre informatique ?

Certains de mes lecteurs s'imaginent qu'être signé par une grande maison d'édition vous garantira de vendre beaucoup de livres papier et de gagner beaucoup d'argent. J'aimerais tordre cette idée reçue en partageant avec vous le témoignage de **Michel Martin** spécialiste du genre informatique.

Témoignage de Michel Martin sur son expérience en édition classique

Michel Martin : *Concernant la vente de livres papier par un éditeur traditionnel, les droits vont de 6 à 12 % selon l'éditeur et l'expérience de l'auteur. Personnellement, j'ai publié plus de 300 livres papier en rapport avec l'informatique chez des éditeurs traditionnels tels que Bordas, Pearson, Micro Application, Sybex et Open Classrooms. Les ventes sont très variables et bien souvent imprévisibles.*

C'est une alchimie intangible qui fait qu'un livre fonctionnera ou ne fonctionnera pas. Aujourd'hui, un livre d'informatique (c'est mon domaine, je ne peux pas parler des autres domaines) qui se vend à 2 000 exemplaires n'est pas ridicule, loin de là ! Il y a quelques années, ce même livre se serait vendu à 5 000 ou 6 000 exemplaires par an !

À retenir

Pas besoin d'éditeur pour disposer d'un livre papier. Grâce à l'impression à la demande et à CreateSpace, vous pouvez disposer de votre livre imprimé. Vous ne payez que les épreuves de tests, pas de stock à gérer, ce sont les clients qui payent et qui font imprimer votre livre à chaque commande.

L'édition classique offre plus de débouchés à la vente de livres papier, grâce aux liens historiques qui existent avec les réseaux de distribution physique.

Pour aller plus loin

Voici quelques ressources CreateSpace qui pourront vous être utiles :

- Page d'accueil de CreateSpace :
  https://www.createspace.com/

- Modèle de livre Word CreateSpace :
  http://jbv.ovh/ae-11

- Modèle de livre Word à télécharger (code à saisir : 250) :
  http://jbv.ovh/ae-13

Lisez aussi l'interview d'**Aurélie Valognes** sur BlogBuster.fr (**http://jbv.ovh/ae-56**) qui recommande de démarrer son projet d'écriture en autoédition.

14- LES DÉMARCHES ADMINISTRATIVES ET LÉGALES

La liberté est le pouvoir de faire tout ce que les lois permettent.
Charles de Montesquieu

Avant de publier votre livre en version e-book et livre papier, sachez que vos écrits de blog vont prendre une toute nouvelle dimension en étant vendus sur Amazon. Cela est surtout vrai pour les blogueurs qui n'auraient pas encore monétisé leur audience avec de la publicité.

Vous allez gagner de l'argent grâce à vos ventes de livres. Il va donc falloir créer une entreprise pour cela, déclarer vos revenus au régime social des indépendants et aux impôts, protéger vos écrits et maîtriser leur distribution.

Créer une micro-entreprise

Les royalties que vous verse Amazon chaque mois pour la vente de vos livres, ne correspondent pas à un salaire. Vous n'êtes pas employé d'Amazon et Amazon n'a pas payé de cotisations sociales sur vos revenus. Vous devez donc obligatoirement rattacher vos revenus d'auteur à une entreprise.

Si vous ne le faites pas, vous encourez le risque que votre activité soit assimilée à du travail dissimulé (travail au noir). Comme les peines encourues sont très lourdes (45 000 € d'amende, 3 ans d'emprisonnement), vous avez tout intérêt à créer votre entreprise dès les premiers euros reçus.[17]

Depuis l'existence du statut d'auto-entrepreneur (micro-entrepreneur depuis 2015), les formalités exigées pour créer une entreprise se sont nettement simplifiées. Ceci a permis la création de plus de 1,9 million de nouvelles entreprises de janvier 2009 à juin 2015 (soit 53 % des entreprises créées).[18]

Pour créer votre micro-entreprise, vous devez vous rendre désormais sur ce site : **https://www.guichet-entreprises.fr/**

La création prend moins de 45 minutes. Il faudra choisir l'activité et un statut fiscal (BIC ou BNC) qui colle au mieux à votre activité principale de micro-entrepreneur.

BIC ou BNC : c'est quoi la différence ?

Ce sont deux régimes fiscaux dédiés aux micro-entreprises qui servent à déterminer le bénéfice imposable dans la déclaration complémentaire de revenu (formulaire n° 2042-C).

Le régime **BIC** (bénéfices industriels et commerciaux) est dédié aux entreprises proposant des prestations de services (seuil de chiffre d'affaires de 32 900 € / an) ou de la vente (seuil à 82 200 €).

---

[17] Les sanctions liées au travail illégal **http://jbv.ovh/ae-57**

[18] Reprise des créations d'entreprises en juin 2015 **http://jbv.ovh/ae-58**

Le régime **BNC** (bénéfices non commerciaux) est dédié aux professions libérales (formateurs, consultants, comptables, médecins) et aux auteurs. Le seuil de chiffre d'affaires est de 32 900 € / an.

Dans le régime fiscal de la micro-entreprise, le bénéfice imposable est déterminé de façon forfaitaire à partir des recettes de l'année. Pour déterminer le bénéfice imposable, on applique un pourcentage d'abattement (de 34% pour les BNC, 50% pour les BIC services ou 71% pour les BIC vente) sur le chiffre d'affaires à la place de comptabiliser les charges réelles.

L'idée étant de ne vous faire payer des impôts que sur ce que vous gagnez réellement (le bénéfice). C'est un peu l'équivalent de la déduction forfaitaire de 10% pour frais professionnels que vous avez sur votre salaire.

Exemples de bénéfices imposables selon les statuts

- BNC (34 % d'abattement) : si j'ai 10 000 € de recettes à l'année, je serai imposé sur 6 600 €. 10 000 - (10 000 x 0,34) = 10 000 - 3 400 = 6 600.

- BIC service (50 %) : 10 000 € de recettes. Imposition sur 5 000 €.

- BIC vente (71 %) : 10 000 € de recette. Imposition sur 2 900 €.

Depuis le 19 décembre 2014, vous devez être également enregistré au registre du commerce ou au répertoire des métiers si vous êtes en BIC.[19] L'enregistrement est gratuit et cela se fait automatiquement au moment de la création de votre entreprise en ligne.

Depuis le 1er janvier 2015, vous devez aussi avoir un compte bancaire pour votre activité de micro-entrepreneur distinct de votre compte bancaire personnel.[20]

Les conséquences fiscales et sociales du choix de statut et d'activité principale

Que vous gagniez de l'argent en plus avec votre blog (BIC prestation de services) ou que vous soyez juste auteur (BNC), votre seuil de chiffre d'affaires ne pourra pas dépasser 32 900 € par an, vous n'aurez pas de TVA à payer, mais devrez tenir un livre des recettes et payer des cotisations sociales de 22,9 % de votre chiffre d'affaires.[21]

Pour bénéficier du seuil plus avantageux de 82 200 € par an, il aurait fallu que vous fassiez de la vente (BIC vente de marchandises).

---

[19] Obligation d'immatriculation des auto-entrepreneurs **http://jbv.ovh/ae-63**

[20] Auto-entrepreneur : un compte bancaire à usage professionnel devient obligatoire **http://jbv.ovh/ae-64**

[21] Imposition de l'auto-entrepreneur **http://jbv.ovh/ae-65**

Vous pouvez être auteur, éditeur, mais pas forcément vendeur

J'ai appelé le service des impôts des entreprises (SIE) de mon département pour avoir plus de précisions sur ce qu'on entendait par vente. La vente des espaces publicitaires de son site via AdSense ou de ses e-books via Amazon n'est pas considérée comme de la vente pour le fisc car on se rémunère sur sa propre production.

Si vous aviez géré les espaces publicitaires d'autres sites ou la vente des livres d'autres auteurs, cela aurait bien été de la vente et vous auriez eu le droit au seuil de 82 200 € par an. Ceci me paraît assez logique, puisque comme vous n'êtes plus qu'intermédiaire, vous ne touchez à la fin qu'une fraction du chiffre d'affaires, il est donc normal que votre seuil de revenus et votre abattement forfaitaire soient plus élevés.

Auteur-éditeur

Pour l'auteur autoédité pur (pas de revenus générés par votre blog), vous êtes éligible au régime BNC profession libérale (autre création artistique, code NAF 9003B).

"Lorsque l'auteur assure l'édition et la vente de ses œuvres, il est imposable dans la catégorie des bénéfices non commerciaux pour l'ensemble des profits qu'il réalise."[22]

---

[22] BNC champ d'application C-2-80 Auteur-éditeur **http://jbv.ovh/ae-66**

Voici les conséquences comptables et fiscales spécifiques pour vous :

- Vos revenus sont imposables après un abattement de 34%.

- Vous êtes exonérés de la cotisation foncière des entreprises (CFE), grâce à l'article 1460 du code général des impôts (**http://jbv.ovh/ae-67**).

Blogueur et auteur-éditeur

Si vous éditez un site Web comme moi (activité principale qui vous rapporte de l'argent grâce à la publicité), en plus d'être auteur, vous êtes éligible au régime BIC services (Conseil informatique, code NAF 6202A pour moi).

Voici les conséquences comptables et fiscales spécifiques pour vous :

- Vos revenus sont imposables après un abattement de 50%.

- Vous êtes éligible à la cotisation foncière des entreprises (CFE), entre 200 et 1 000 € à payer selon votre chiffre d'affaires.[23]

Je gagne de l'argent avec mon blog et mon livre, quel statut ?

---

[23] Cotisation foncière des entreprises (CFE) **http://jbv.ovh/ae-68**

Quel statut choisir si :

- Je gagne 500 € par mois avec mon blog et 200 € par mois avec mes livres ? (1)

- Je gagne 200 € par mois avec mon blog et 500 € par mois avec mes livres ? (2)

Cas (1), l'activité commerciale est prépondérante, vous êtes éligible au régime BIC services. Voici ce que dit le fisc :

En application de l'article 155 du CGI, les profits retirés d'une activité non commerciale exercée accessoirement à la profession commerciale doivent être soumis à l'impôt sur le revenu au titre des bénéfices industriels et commerciaux.

Cas (2), l'activité non commerciale est prépondérante, vous êtes éligible au régime BNC. Voici ce que dit le fisc :

Pour les exercices et périodes d'imposition ouverts à compter du 1er janvier 2012, aux termes du II de l'article 155 du CGI tel qu'issu du I de l'article 13 de la loi n° 2010-1658 du 29 décembre 2010 de finances rectificative pour 2010, lorsqu'un titulaire de bénéfices non commerciaux étend son activité à des opérations dont les résultats entrent dans la catégorie des bénéfices de l'exploitation agricole ou dans celle des bénéfices industriels et commerciaux, il est tenu compte de ces résultats pour la détermination des bénéfices non commerciaux à comprendre dans les bases de l'impôt sur le revenu.

C'est finalement votre niveau de chiffre d'affaires de l'une (blog) ou l'autre activité (auteur) qui déterminera votre régime d'imposition.

J'ai un doute sur mon statut, que faire ?

Si vous avez le moindre doute sur le statut fiscal qui convient le mieux à votre situation, passez un coup de téléphone ou prenez rendez-vous auprès du service des impôts des entreprises (SIE) de votre département, c'est totalement gratuit.

Personnellement, je n'ai aucun problème avec le SIE de Villejuif (94) auquel je suis rattaché. Ils sont toujours très réactifs et compétents quand j'ai une question ou un besoin à leur formuler.

Certains lecteurs me remontent sur mon blog que le SIE de leur département n'est pas toujours de bon conseil ou leur donne des recommandations contradictoires à ce que mon SIE me donne.

Dans ce cas-là, prenez votre plus belle plume, exposez votre situation par écrit à votre SIE et exigez une réponse officielle dans les 3 mois via la procédure de rescrit fiscal (**http://jbv.ovh/ae-69**). La réponse officielle de l'administration fera foi en cas de contrôle fiscal ultérieur.

Déclarez vos revenus aussi aux douanes

Comme les revenus d'Amazon viennent du Luxembourg, vous serez obligé de demander à votre SIE un n° de TVA intracommunautaire.

Ce numéro vous permettra de déclarer tous les mois sur le site **pro.douane.gouv.fr** vos revenus intracommunautaires (DES : demande d'échanges de services) en provenance du Luxembourg.

Faites les démarches, car en cas de contrôle fiscal, vous devrez payer une amende forfaitaire de 750 € par mois d'omission.

Voici le n° de TVA intracommunautaire dont vous aurez besoin pour communiquer aux Douanes vos flux financiers avec Amazon Luxembourg : LU20944528.

Rassurez-vous, en tant que micro-entrepreneur, vous n'aurez jamais de TVA à collecter. Le n° de TVA intracommunautaire ne vous servira ici que pour les DES.

Intérêt d'avoir un numéro ISBN

Le numéro ISBN est un numéro standard international qui identifie de manière unique un livre.

Vous pouvez en demander 10 gratuitement auprès de l'AFNIL par mail (afnil@electre.com) en remplissant le formulaire disponible ici : **http://www.afnil.org/?Info=3**

J'ai eu mes 10 ISBN au bout de 12 jours. Il vous faut un ISBN différent pour chaque version de votre livre : livre papier, livre numérique.

Si la procédure n'est pas obligatoire sur KDP, il vous faudra un numéro ISBN pour CreateSpace et les autres plateformes. Mieux vaut donc mettre ses propres ISBN pour maîtriser la distribution de votre livre après.

Dépôt légal de votre livre papier

Si vous avez créé un livre papier avec CreateSpace, il va falloir que vous le déposiez à la BNF dans le cadre de la procédure obligatoire de dépôt légal.

Cela se passe d'abord sur leur extranet ici : **https://depotlegal.bnf.fr**

Une fois le document de dépôt enregistré au format PDF et imprimé, vous devrez envoyer un exemplaire papier de votre livre par La Poste accompagné du document de dépôt.

Voici l'adresse de la BNF :

Bibliothèque nationale de France
Dépôt légal - Livres
Quai François Mauriac
75706 Paris Cedex 13

Vous n'avez pas à affranchir votre colis. Le dépôt légal est une démarche entièrement gratuite.

Ajoutez ceci à votre colis :

Franchise postale - Dépôt légal -
Code du patrimoine Article L132-1

Comme le précise le site de la BNF, le dépôt légal ne confère pas de droit de propriété sur le titre ni sur le contenu des documents déposés. Il peut, en cas de litige, contribuer à établir la preuve d'antériorité.

La contrainte légale de dépôt à la BNF pourra donc aussi vous aider en cas de problème de plagiat.

Comment vous protéger du plagiat ?

Selon l'article L111-1 du code de la propriété intellectuelle, les écrits que vous publiez dans vos livres vous appartiennent exclusivement et personne n'est autorisé à les reproduire.

"L'auteur d'une œuvre de l'esprit jouit sur cette œuvre, du seul fait de sa création, d'un droit de propriété incorporelle exclusif et opposable à tous."

Vos écrits de livres sont protégés d'office par loi. En cas de litige, vous devez être en mesure de prouver que vous avez la paternité de l'œuvre.

Pour ce faire, vous pouvez vous envoyer vos textes sous pli fermé par courrier postal avec accusé de réception (le cachet de la poste faisant foi) ou plus simplement envoyer tous vos articles par email au moment de la publication (date d'envoi sur votre serveur email vous servant de présomption de preuve pour établir la paternité).

Si vous avez effectué le dépôt légal à la BNF de votre livre papier, vous bénéficierez d'une preuve d'antériorité encore plus forte à faire valoir si besoin auprès des tribunaux.

Comment mettre hors d'état de nuire les pirates ?

Si votre e-book se vend bien sur Amazon, vous allez attirer la convoitise des pirates qui vont chercher à se faire de l'argent sur votre dos.

Ils pourront essayer de vendre votre ouvrage au rabais sur des plateformes peu regardantes sur l'originalité du contenu ou de le proposer en téléchargement gratuit via l'installation d'un logiciel publicitaire malveillant au moment du téléchargement de votre livre.

Si vous n'avez pas le temps ni les moyens d'envoyer des lettres recommandées aux hébergeurs des contenus pirates, vous pouvez toujours appuyer là où ça fait mal : Google.

Il existe un formulaire DMCA (Digital Millennium Copyright Act) qui permet de demander à Google de mettre les sites pirates en liste noire. Il se trouve ici : **http://jbv.ovh/ae-70**

Google reçoit chaque jour 1 million de demandes de retraits de la part des auteurs et éditeurs de films, livres, jeux vidéo, logiciels...

J'y ai eu recours plusieurs fois, Google a traité mes demandes de retrait entre un et huit 8 jours et le site plagieur s'est retrouvé dès lors déréférencé de Google sur les contenus incriminés.

À retenir

Si vous gagnez de l'argent en indépendant en vendant vos livres, vous devez créer une micro-entreprise dès les premiers euros reçus.

Si vous êtes uniquement un auteur, vous serez soumis au régime fiscal des BNC, alors que si vous êtes à titre principal éditeur de sites Web, vous relèverez du régime des BIC.

En plus de l'impôt, vous devez payer des cotisations sociales propres aux micro-entrepreneurs et déclarer vos revenus aux services des douanes, Amazon effectuant ses règlements à partir du Luxembourg.

Pour aller plus loin

Voici quelques liens utiles pour approfondir les questions fiscales et légales :

- Micro BNC : **http://jbv.ovh/ae-59**

- Micro BIC : **http://jbv.ovh/ae-60**

- Site du service public : **http://www.service-public.fr/**

- Déclarer AdSense aux impôts : **http://jbv.ovh/bbs-73** (ce que je dis pour AdSense est valable aussi pour les revenus Amazon)

- Google DMCA : **http://jbv.ovh/ae-61**

- Guichet entreprises : **https://www.guichet-entreprises.fr/**

- Dépôt légal BNF : **https://depotlegal.bnf.fr**

14- LES DÉMARCHES ADMINISTRATIVES ET LÉGALES

Partie 3 :
Promouvoir son livre

*Faire du commerce sans publicité, c'est comme faire de l'oeil
à une femme dans l'obscurité. Vous savez ce que vous faites, mais
personne d'autre ne le sait.*
Steuart H. Britt

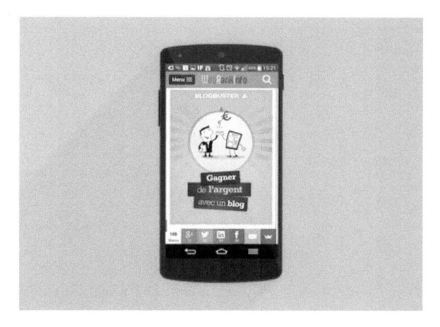

Votre livre est désormais disponible sur Amazon. Bravo pour ce succès d'estime ! Vous pouvez maintenant arborer fièrement le statut d'auteur dans vos biographies Twitter et LinkedIn. ;-)

Mais est-ce seulement cela que vous cherchiez ? Ne voulez-vous pas aussi que votre livre soit lu et se vende ?

Pour y arriver, il va falloir maintenant vous transformer en vendeur et cela sera encore plus chronophage que la rédaction de votre livre. Il vous aura fallu 6 mois pour écrire un livre ? Vous allez avoir besoin d'un an pour en faire la promotion et vous assurer qu'il se vende correctement.

Nous allons voir dans cette partie comment faire parler de votre livre sur Internet sans que cela ne vous coûte le moindre centime.

15- QUAND ET COMMENT PARLER DE VOTRE LIVRE ?

Le bon message, au bon moment, au bon endroit.

Il faut que vous parliez tout le temps de votre livre aussi bien dans la vie virtuelle que dans la vie réelle !

Que vous soyez au stade de la réflexion quant au sujet de livre à développer, que vous soyez en pleine rédaction, en période de lancement, il faut parler de votre livre.

En parlant de votre livre et en échangeant avec les personnes qui accrochent à votre sujet, vous allez permettre à votre livre d'être plus vivant en s'exprimant à travers la voix de vos lecteurs.

Testez votre sujet de livre auprès de vos proches

Dès que vous avez trouvé votre sujet de livre, parlez-en à vos proches pour voir ce qu'ils en pensent et affiner sa promesse.

Quand vous trouvez des proches qui s'intéressent à votre sujet de livre, posez-leur ce genre de questions :

- Serais-tu prêt à acheter mon livre ? Si non, pourquoi ?
- De quoi devrais-je parler pour t'inciter à le lire ?
- Tu crois que je devrais parler de ça aussi ?
- Est-ce que cela ne va pas être trop indigeste ?
- Etc…

Accueillez favorablement aussi bien les critiques négatives que les avis positifs.

Pour *BlogBuster*, j'ai pas mal sollicité mes proches sur le titre final du livre.

J'hésitais entre ces deux titres :

- BlogBuster : Créer un blog à succès

- BlogBuster : Gagner de l'argent avec un blog

Comme me l'a fait remarquer Florence (une relectrice), le premier titre était plus fidèle au contenu du livre qui ne parle pas que de monétisation.

Mais comme l'objectif du livre était aussi d'accrocher les blogueurs débutants pour qui blogging peut-être synonyme d'argent facile, j'ai préféré garder le deuxième.

Ce titre m'a permis d'ouvrir *BlogBuster* à un public plus large (les ventes l'ont confirmé) et de remettre aussi les pieds sur terre aux blogueurs néophytes.

Avant le lancement : partagez vos premiers articles sur votre blog

Comme nous l'avons vu dans le chapitre 4, partager le plan de votre livre et vos premiers chapitres sur votre blog vous permettra d'identifier les sujets qui auront le plus d'intérêt pour vos lecteurs.

L'importance des partages sur les réseaux sociaux de vos premiers articles et les commentaires laissés sur votre blog vous aideront à étoffer le contenu de votre livre. Dites-vous que plus vous répondez aux attentes de vos lecteurs, plus les critiques seront bonnes.

En parlant de votre projet de livre sur votre blog, vous arriverez aussi à recruter des relecteurs plus critiques que ceux que vous aviez sous la main parmi vos proches.

Pré-lancement : faites vos preuves avant de faire trop de bruit

En tant que nouveauté, votre livre profitera pendant deux mois d'un *boost* de visibilité sur Amazon.fr, la plus grande librairie en ligne ! Le pré-lancement correspond en fait à la période d'un mois suivant la date de sortie où votre livre doit faire ses preuves sur la plateforme.

Ne contactez pas tout de suite les blogs pour obtenir une critique de votre livre. Un blogueur qui ne vous connaît pas fera des raccourcis rapides : pas de notes, pas de commentaires, aucun blog n'en parle, pourquoi devrais-je parler de ce livre chez moi ?

Profitez plutôt de cette période d'un mois pour faire vos preuves en ligne.

Voici ce que j'ai fait pour ma part dans l'ordre :

- J'ai annoncé la sortie officielle de mon livre sur BlogBuster.fr et ai publié un article sur Jeanviet.info expliquant comment lire un livre Kindle sur tous ses terminaux.

- Dans ces deux articles, j'ai mis en jeu sur *Jeanviet* 4 e-books gratuits (en l'échange d'un avis) et ai proposé sur *BlogBuster* un e-book contre une critique de blog. J'ai eu bien sûr quelques personnes qui n'ont pas respecté leur engagement.

- J'ai remercié par mail, le jour de la sortie, mes relecteurs en leur offrant un bon d'achat Amazon de 4 € pour qu'ils puissent télécharger gratuitement mon e-book, en prenant soin de partager la marche à suivre pour le lire et en les invitant à publier leur avis de relecteur sur la page Amazon dédiée. Ils ont pratiquement tous joué le jeu.

- J'ai aussi offert mon livre à quelques personnes qui m'ont inspiré et soutenu pendant mes aventures bloguesques. Cela m'aura valu 3 avis sympas sur ma page Amazon de Roget.biz, Michel Martin, Jeff de commentcamarche.net et 3 mois plus tard un super article d'Olivier Duffez sur WebRankInfo (**http://jbv.ovh/ae-73**) m'aura permis de figurer pendant 6 jours dans le top 100 Amazon.

- J'ai écrit des chroniques sur le **Journal du Net** et sur **le Nouvel Obs** (Le Plus) en lien avec le sujet de mon livre pour démontrer mon nouveau statut d'auteur et faire un peu de storytelling.

- J'ai sollicité mes amis blogueurs technophiles pour voir comment on pourrait amener ça vers leurs lecteurs de la manière la plus subtile possible, sans que cela fasse trop commercial et que chacun y trouve son compte. **Coreight** m'a fait une chouette interview de Geek (**http://jbv.ovh/ae-71**) tout en parlant un peu de mon livre et **Blogmotion** a mis le paquet : contenu exclusif, critique détaillée du livre, jeu concours (**http://jbv.ovh/ae-72**).

Storytelling : c'est quoi ?

C'est un procédé de communication qui consiste à raconter une histoire pour pouvoir convaincre plus tard, plus facilement. Dans le cas de *BlogBuster*, il fallait convaincre que les blogs n'étaient pas morts (**http://jbv.ovh/ae-74**) et que les auteurs autoédités écrivaient de bons e-books à bon prix (**http://jbv.ovh/ae-75**). Grâce à cette narration, il était plus facile ensuite de vendre mon e-book sur le blogging.

Au lancement : faites le maximum de bruit

Après un mois, vous devriez avoir quelques avis positifs sur Amazon et être en tête des ventes sur la thématique de votre livre.

Il va maintenant falloir vous ouvrir à un lectorat beaucoup plus large. Il faut arriver à ce que les prescripteurs et prescriptrices de votre cible parlent de votre livre (idéalement en bien).

Pour *BlogBuster*, en plus des blogueurs technophiles, il fallait aussi que j'arrive à atteindre les "travailleurs" du Web, les blogueuses mode, cuisine, famille très intéressés par ces sujets.

Je reviendrai en détail sur les techniques que j'ai utilisées pour faire rayonner mon livre au-delà de la blogosphère High-Tech dans les chapitres 19 et 20. J'ai fait beaucoup d'erreurs de communication au départ, puis je me suis amélioré avec la pratique.

Après le lancement : parlez tout le temps de votre livre

Votre livre doit vivre bien au-delà de ses trois premiers mois. Pour cela, il faudra donc en parler sur votre blog et sur vos réseaux sociaux de manière originale et ludique.

Voici quelques exemples de bonnes pratiques que j'ai mises en place :

- J'ai partagé mes records de vente / de classement Amazon sur les réseaux sociaux.

- J'ai relayé sur mon blog et sur les réseaux sociaux les articles de blog qui ont parlé de mon livre.

- J'ai relayé sur Twitter les photos de lecteurs avec mon livre.

- J'ai systématiquement partagé sur Twitter chaque avis de lecteur déposé sur Amazon.

- J'ai créé des cartes postales dédicacées pour remercier pendant les fêtes de fin d'années mes lecteurs et supporters.

- J'ai créé des articles pour expliquer comment lire mon livre sur tous les terminaux et comment l'offrir.

- J'ai créé des vidéos de présentation autour de mon livre.

- J'ai organisé des jeux concours avec d'autres blogueurs.

- J'ai interviewé des blogueurs et auteurs à succès sur BlogBuster.fr.

- J'ai créé un site responsive de présentation de mon livre.

- J'ai créé une page Amazon auteur.

- J'ai créé une page fan Facebook BlogBuster.

- J'ai inscrit mon livre au programme KDP Select pour que les abonnés Kindle Unlimited puissent l'emprunter gratuitement.

J'ai mis *SoLoMo*, un petit e-book sur la création de site mobile avec Tumblr, en version gratuite pendant cinq jours sur Amazon pour faire la promotion croisée de *BlogBuster*.

Quels sont les outils de communication les plus efficaces ?

Les quatre éléments du mix produit les plus importants pour transformer des visiteurs de votre page Amazon en acheteurs de votre livre sont :

- les avis clients,

- la couverture de votre livre,

- la quatrième de couverture,

- le prix attractif (moins de 5 euros).

Quand ce mix sera parfait, vous pourrez communiquer massivement vers l'URL de la page Amazon de votre livre. Voici les canaux par ordre d'efficacité qui enclencheront le plus de ventes :

- une recommandation d'un blogueur influent sur son blog ou sur ses comptes Twitter ou Facebook,

- un article de contenu pratique sur votre blog (ex : déclaration AdSense) qui invite à lire votre livre pour en savoir plus.

- un prêt Amazon (KDP Select) qui aura des effets bénéfiques sur votre classement et donc sur vos ventes.

À retenir

Il faut tout le temps faire la promotion de votre livre : avant, pendant et après le lancement. Les jours fériés, vacances d'été, week-ends, sont les périodes les plus propices à la vente de livres, n'oubliez pas de bien communiquer pendant ces créneaux.

Sans avis clients, vous aurez beaucoup de mal à vendre votre livre, travaillez bien cela (chapitre 16) et invitez ensuite les blogueurs à vous chroniquer.

Pour aller plus loin

Pour vous inspirer, voici une liste non exhaustive d'articles, pages, vidéos que j'ai créés pour parler de mon livre *BlogBuster* :

- http://blogbuster.fr/le-livre/

- http://blogbuster.fr/auto-edition/livre-blogbuster-dispo-en-exclusivite-amazon.htm

- http://blogbuster.fr/adsense/200000-euros-blog.htm

- http://blogbuster.fr/auto-edition/1000-lecteurs.htm

- http://blogbuster.fr/auto-edition/300-lecteurs-en-100-jours.htm

- http://blogbuster.fr/auto-edition/livre-papier.htm

- http://blogbuster.fr/auto-edition/offrir-ebook-blogbuster.htm

- http://blogbuster.fr/auto-edition/livre-dedicace.htm

- http://blog.jeanviet.info/bon-plan/lire-un-ebook-kindle.htm

16- COMMENT OBTENIR DES AVIS POUR VOTRE LIVRE ?

Le meilleur des médias c'est le bouche-à-oreille.
Biran Koslow

Votre lecteur potentiel s'est fait accrocher par votre couverture, il a été conquis par le titre de votre livre et sa quatrième de couverture, le prix attractif a levé son frein à l'achat…

Il restait encore une dernière résistance, un prix si bas d'un auteur qui n'est pas rattaché à une maison d'édition connue, c'est louche, non ?

Que pensent donc les internautes qui ont lu ce livre ? Consultons leurs avis.

Seulement un internaute sur 100 est actif en ligne

Les internautes sont très peu actifs sur Internet. On admet en général qu'un internaute sur 100 est actif dans une communauté en créant des contenus et en postant des avis et que les 99 % restant ne font que les consulter de manière passive.[24]

On peut donc établir que pour avoir au moins un avis de façon totalement naturelle sur votre livre, il faudra en vendre 100 ! Les avis positifs reçus encourageront de nouveaux lecteurs à lire votre livre. Je ne peux pas vendre si je n'ai pas d'avis et il faut vendre pour obtenir des avis ! Mais c'est le serpent qui se mord la queue ou quoi ?

J'ai réussi pour ma part avec *BlogBuster* à faire monter ce ratio de 1 % à 4 % (40 avis déposés pour 1 000 ventes) et à générer au bout d'un mois 10 avis sur ma page Amazon, je vais vous expliquer comment je m'y suis pris pour que cela vous serve aussi.

Comment obtenir des avis au lancement ?

Obtenir des premiers avis de lecteurs sur votre livre pendant les 30 jours qui suivent son lancement est un défi très compliqué, mais indispensable si vous projetez de vendre plus de 300 exemplaires de votre livre.

Imaginez les contraintes de départ :

- Il faut que le lecteur ait lu votre livre en entier, un livre de 300 pages, il faut un peu de temps pour le digérer.

- Il faut que le lecteur ait envie de s'exprimer, quand personne ne le fait avant vous, c'est toujours plus difficile de se lancer.

---

[24] The 1% Rule : http://jbv.ovh/ae-78

Vu ces contraintes, il est beaucoup plus facile de s'adresser à vos relecteurs qui ont déjà lu votre livre et émis une première critique, et de les inviter ensuite à commenter votre livre sur Amazon. Vous percevez maintenant le deuxième intérêt d'avoir plus de cinq relecteurs.

C'est ce que j'ai fait, et j'ai eu quasiment carton plein sur cette démarche en relançant bien sûr régulièrement et en créant un terrain favorable : bon d'achat Amazon de 4 € offert pour lire le livre (pour offrir votre e-book vous aussi, suivez ce tutoriel : **http://jbv.ovh/ae-34**), explications détaillées pour télécharger et lire le livre sur leur terminal préféré.

Invitez vos lecteurs à déposer leur avis en fin d'ouvrage

Pour augmenter encore un peu plus le ratio avis / ventes, n'oubliez pas d'inviter vos lecteurs à la fin de votre ouvrage à laisser un commentaire sur votre page Amazon.

Exemple de formule que j'ai mis à la fin de ce livre et de *BlogBuster* :

Si cet ouvrage vous a été utile, n'hésitez pas à en parler sur votre blog, à vos proches et à laisser des commentaires de recommandation sur Amazon.

Échangez avec vos lecteurs par email et sur les

réseaux sociaux

À la fin de votre livre, pensez également à laisser à vos lecteurs des moyens de rentrer en contact avec vous. Ils doivent pouvoir vous joindre par mail, sur Twitter, sur Facebook, ou dans les commentaires de votre blog s'ils ont des questions non résolues dans votre ouvrage.

En faisant cela, un lecteur conquis par votre livre n'hésitera pas à vous le dire par mail, sur votre blog ou sur vos réseaux sociaux et éventuellement à vous poser ses questions. Cela fait très plaisir à lire ! J'ai dû recevoir une vingtaine de messages de remerciements directs.

J'ai répondu à toutes les questions de mes lecteurs, cela m'a donné d'ailleurs des idées de tutoriels, et j'ai même gagné une contributrice active (Lisa) sur mon blog *BlogBuster*.

Lisa, Wikipédienne (donc 100 fois plus active qu'un lecteur moyen), a en effet rédigé par la suite avec un total désintérêt deux tutoriels fortement consultés sur *BlogBuster.fr*.

Wikipédien(ne) : c'est quoi ça ?

Wikipédia, l'encyclopédie libre, est éditée chaque mois par près de 120 000 personnes bénévoles dans le monde (14 000 sur la version française de Wikipédia). On appelle aussi ces contributeurs, des Wikipédiens. Les **Wikipédiens** créent de nouveaux articles, complètent les anciens, les sourcent, les modifient pour faire en sorte qu'ils soient les plus factuels possible.

Ces lecteurs et lectrices qui rentrent en contact avec vous sont vos plus grands fans. Ils aimeraient que d'autres lecteurs découvrent votre livre, mais ils n'imaginent pas l'impact direct qu'un dépôt d'avis sur votre page Amazon pourrait avoir sur vos ventes.

Si vous les "laissez filer" dans la nature sans rien dire, ils n'iront pas déposer spontanément d'avis sur votre page Amazon.

Figure 16 -1 : Réponse à un tweet d'encouragement avec invitation à déposer un avis

Rattrapez-les donc au vol et invitez-les à exprimer tout ou partie des retours qu'ils vous ont faits en direct, de manière publique là où ce sera le plus efficace pour votre livre.

Remerciez vos lecteurs sur Twitter ou Facebook

Pour montrer que vous n'êtes pas indifférent aux commentaires positifs déposés par vos lecteurs sur votre page Amazon et inciter ceux qui vous ont lu et qui vous suivent sur les réseaux sociaux à en faire de même, indiquez sur Amazon que vous avez trouvé le commentaire utile et remerciez systématiquement ces lecteurs généreux sur Twitter ou Facebook en mettant en avant leur avis comme ceci :

Jean-Baptiste Viet
@jeanviet

Un grand MERCI @karmyrarn "Bloguer, un savoir-faire expliqué pas à pas et à la portée de tous"
amazon.fr/review/R2OKT3G...

www.amazon.fr/review/R2OK   [31]   ⋮

⁙⁙⁙⁙⁙ **Bloguer, un savoir-faire expliqué pas à pas et à la portée de tous !**, 12 juillet 2015

Par Karmyra

Ce commentaire fait référence à cette édition : **BlogBuster : Gagner de l'Argent avec un Blog (Format Kindle)**

Grâce à ce livre simple, clair, concis, adapté à tous et lisible en peu de temps (dans la journée), tout le savoir-faire qui gravite autour de la création et de la gestion d'un blog est abordé avec pour l'objectif de montrer que bloguer est à la portée de tous. L'auteur, Jean-Baptiste Viet prodigue de précieux conseils et fait part de son expérience à travers ses réussites mais aussi ses échecs sans langue de bois. Envolés les doutes et les questions, tout est expliqué de A à Z sans forcément rentrer dans des détails techniques. Suivant le niveau de chacun, certains en phase de démarrage, y trouveront toutes les étapes à suivre précisément. D'autres y verront une check-list des étapes mises en place et à améliorer. Ce livre est une véritable mine d'informations, un concentré de conseils indispensables pour réussir dans la blogosphère !

Figure 16 -2 : Partage d'un avis Amazon sur Twitter avec remerciement de l'auteur

Je vais d'ailleurs profiter de ce livre pour remercier face à un plus grand lectorat les 42 premières personnes à avoir déposé leurs avis sur la page Amazon de *BlogBuster*.

Un grand merci donc à :

Nicolas, Danièle, Sandstorm, Karmyra, Nalaweb, Michael, Lionel J., Franck, Pierre S., Joel B., Loïc S., Stéphane T., Véronique, Aleksander D., Dossou-yovo, levents06, Bridget, Puda, Benjamin V., Nouveau Blogger, Amazon Customer, Client Amazon, Endoplanète, Pascal81800, Henry M., sebclick, Jérémy P., D. Jérémy, plume, Manuel M., JeffPHP, Thierry .t, xhark, Philippe A., Morgane L., Michel M., David B., Anna, Anne67, Alexandre Z., Ruquier.

À retenir

Seulement un internaute sur 100 est actif en ligne. Ramenez cela à vos ventes d'e-books, pour obtenir un avis, il faut donc 100 ventes. Et ce sont les avis qui génèrent les ventes.

Pour augmenter votre ratio d'avis, invitez tous les lecteurs qui ont apprécié votre ouvrage et qui vous l'ont témoigné par mail ou sur les réseaux sociaux à déposer un avis.

Pour aller plus loin

- Comment offrir votre e-book ? : **http://jbv.ovh/ae-34**

- The 1% Rule : **http://jbv.ovh/ae-78**

- The 90-9-1 Rule : **http://jbv.ovh/ae-80**

17- LE PROGRAMME KDP SELECT

Ce qui est gratuit n'a pas de valeur.

KDP Select est un programme promotionnel d'une durée de 3 mois (renouvelables) de Kindle Direct Publishing, qui vous permet d'élargir votre lectorat et d'augmenter vos revenus en proposant votre e-book gratuitement auprès des abonnés Amazon (premium et Kindle Unlimited) et de tous les lecteurs pendant 5 jours.

Je vous propose de voir ensemble les conditions d'accès, les avantages et inconvénients de ce programme, comment KDP select peut vous aider à augmenter vos classements Amazon et vos revenus et quelle stratégie mettre place pour en tirer profit au maximum.

Les conditions d'accès et de rémunération de KDP Select depuis juillet 2015

Pour inscrire un livre à KDP Select, vous devez accepter de le proposer en exclusivité dans la boutique Kindle. Dans ce cas, il sera aussi inclus dans les programmes Kindle Unlimited (KU) et Bibliothèque de prêt Kindle (KOLL, Kindle Owner's Lending Library).

Vous pouvez alors percevoir une part du Fonds mondial KDP Select en fonction du nombre de pages de votre livre lues par les clients KU et KOLL.

Le Fonds mondial était de 10 millions d'euros en juillet 2015 et le nombre de pages lues par mois sur les offres d'abonnement de livres d'Amazon d'environ deux milliards en juin 2015. Cela nous fait donc un revenu par page de 0,005 €.

Attention, ce revenu par page peut varier fortement, avec le temps, du simple au double, puisque la valeur du fonds et le nombre de pages lues par les lecteurs varient aussi chaque mois.

Nouveau système de rémunération vs ancien système : une rémunération plus juste

Avant le 1er juillet 2015, le système était totalement inégalitaire. Pour compter comme une vente, il suffisait que votre livre soit lu à 10 %, quel que soit le nombre de pages de celui-ci, et vous touchiez l'équivalent d'1,20 €.

Dans l'ancien système, un livre de 50 pages lu à 10 % (5 pages) avait autant de valeur qu'un livre de 300 pages lu à 10 % (30 pages) alors que 6 fois moins de pages avaient été lues par le lecteur.

L'ancien système était tout sauf vertueux, il enrichissait les rédacteurs de courts écrits aux dépens des auteurs d'ouvrages plus longs.

Combien je peux gagner avec KDP Select maintenant ?

Avant juillet 2015, vos revenus par livre loué ne pouvaient pas dépasser 1,20 € à partir du moment où celui-ci était lu à plus de 10 %.

Maintenant, les revenus sont calculés en fonction du volume de pages lues standardisées Kindle (KENPC). *BlogBuster* compte 321 pages non standardisés et 440 pages standardisées Kindle.

Avant juillet 2015, que vous lisiez 44 pages KENPC ou 440, je gagnais toujours 1,20 €.

Maintenant, si vous lisez :

- 40 pages, je gagne seulement 0,20 €,

- 240 pages, je gagne comme avant 1,20 €,

- 440 pages, je gagne 2,20 € soit à peu près l'équivalent des royalties que je touche pour un livre vendu à 4 €.

Donc c'est plus juste et plus vertueux pour les auteurs qui rédigent des livres de plus 240 pages comme moi.

Quel impact de KDP select sur mon classement et mes revenus ?

Un prêt sur KDP select est équivalent à une vente pour votre classement Amazon, quel que soit le nombre de pages lues.

Donc être présent et emprunté dans KDP select vous aidera à remonter dans le classement des ventes tout en gagnant de l'argent.

Si vous pratiquez des tarifs compétitifs en autoédition sur vos livres (moins de 4 €) et que ceux-ci comptent plus de 400 pages KENPC, l'offre de prêt de KDP select ne viendra pas cannibaliser et baisser la valeur de vos ventes classiques.

En revanche, ce modèle n'est pas tenable pour les auteurs édités qui vendent des e-books de 400 pages à plus de 10 €. L'offre de prêt KDP select divisera en effet la valeur de votre livre par 3 (si marge de l'éditeur à 6,60 €).

KDP Select vous permet de mettre votre e-book gratuit pendant 5 jours tous les 3 mois

Je ne suis pas extrêmement convaincu par ce type de promotion qui consisterait à rendre nulle la valeur de votre livre pendant une courte période.

Je vous ai déjà indiqué au chapitre 11, deux façons de procéder pour ne pas que cela détruise votre ouvrage en cours de promotion :

- Soit vous faites la promotion gratuite sur un autre livre pour promouvoir votre livre phare.
- Soit vous faites la promotion gratuite sur un livre en fin de cycle pour promouvoir le prochain.

Quoi qu'il arrive, faites-le plutôt sur des périodes très courtes (un jour ou deux, mais pas plus), communiquez de façon massive autour de vous pour que cela ait un vrai impact et faites en sorte que le livre gratuit intègre de la promotion croisée vers votre livre phare.

Si vous avez une version livre papier de votre e-book en promotion gratuite, ça sera encore mieux. Certains lecteurs plus à l'aise avec la lecture sur papier pourront vouloir acheter votre livre en version papier après avoir découvert votre e-book gratuit.

Avoir un livre qui se télécharge massivement en gratuit n'impactera pas votre classement payant, c'est pour cela aussi que je vous encourage à faire en sorte que la période ne dure pas trop longtemps. Ceci afin d'éviter que votre e-book chute au classement thématique payant Amazon et baisse durablement en visibilité.

Retour d'expérience sur un jour de promotion gratuite de l'e-book *BlogBuster*

Pour fêter le dépassement du cap des 1 000 lecteurs de *BlogBuster* en un an, j'ai donc finalement proposé le 17 août 2015 (un an après sa sortie) pendant 24 heures la version e-book au téléchargement gratuit sur Amazon, comme je m'y étais engagé un mois plus tôt (**http://jbv.ovh/ae-79**).

Pour garantir le succès de cette opération promotionnelle, j'ai fait les choses dans les règles de l'art :

- J'ai programmé la promotion gratuite sur KDP deux jours avant (cela peut se faire la veille), la promotion a été effective le jour j vers 10 h 15 (surveillez son bon déclenchement entre 9 h et 10 h 30).

- J'ai rédigé un article le jour même annonçant la promotion gratuite de *BlogBuster* et faisant la promotion du prochain ouvrage *AutoÉditeur*

- J'ai invité la veille mes relecteurs à relayer la promotion gratuite et l'article. Ceux qui n'étaient pas en vacances l'ont fait.

- Au moment du déclenchement de la promotion gratuite, j'ai contacté par mail quatre blogueurs et blogueuses qui avaient déjà relayé mon livre sur leur blog quelques mois plus tôt pour les inviter à partager ce bon plan exceptionnel auprès de leur audience. Ils ont tous joué le jeu avec plaisir et enthousiasme !

Bilan très positif pendant et après la promotion gratuite

158 téléchargements gratuits et 5 ventes de livres papier ont été générés entre le 17/08 et le 18/08 suite à la promotion gratuite exceptionnelle de l'e-book *BlogBuster*. Performance assez exceptionnelle : en 24 heures, j'ai généré l'équivalent de deux

mois de ventes d'e-books et de livres papier.

Le livre *BlogBuster* s'est retrouvé le 17/08 au soir à la deuxième place du classement général Kindle gratuit entre un livre d'histoire de France pour les nuls et un livre de recettes de cuisine ;-)

Figure 17-1 : *BlogBuster*, 2ème du classement Kindle gratuit

Après la promotion gratuite, j'ai en plus retrouvé mon nombre de ventes d'e-books habituel et mes bons classements Amazon.

Figure 17-2 : Suivi des ventes KDP avant et après
la promotion gratuite

Avantages et inconvénients de KDP Select

Voici un récapitulatif des avantages de KDP Select :

- votre livre est disponible dans la boutique de prêt,

- il peut vous rapporter de l'argent,

- il peut vous permettre d'augmenter votre classement,

- vous pouvez proposer votre livre en gratuit pendant 5 jours.

Le gros inconvénient de KDP Select est l'obligation de donner l'exclusivité de votre ouvrage numérique à Amazon pendant 3 mois (livre papier non impacté), vous empêchant ainsi d'être présent sur d'autres plateformes de livres numériques complémentaires à Amazon comme Kobo ou iBookStore.

Les robots Web d'Amazon "surfent" régulièrement sur Internet pour vérifier que votre e-book n'est pas vendu moins cher ailleurs et, dans le cas de l'exclusivité KDP, qu'il n'est pas disponible ailleurs.

Quelle stratégie KDP Select pour votre e-book ?

Si vous n'avez pas prévu de vendre ailleurs que sur Amazon, vous pouvez renouveler de façon automatique, chaque trimestre, votre présence dans KDP Select.

N'utilisez les promotions gratuites que de façon exceptionnelle, toujours dans l'optique de promouvoir un titre phare à côté qui ne fera pas l'objet de promotion gratuite pendant au moins un an.

Arrêtez KDP Select six mois ou un an après le lancement de votre ouvrage si vous prévoyez de le distribuer sur Kobo et iBookStore.

À retenir

Inscrivez votre e-book au programme KDP Select pour gagner des revenus sur les prêts de votre e-book. Depuis que Kindle Unlimited existe en France (décembre 2014), cela a eu un vrai impact sur le nombre de mes nouveaux lecteurs (ceci sera détaillé dans le chapitre 21).

Ne faites jamais de promotion gratuite d'un nouvel ouvrage en début de cycle de vente. Faites-le seulement à la fin pour lancer le prochain.

Pour aller plus loin

Voici quelques retours d'auteurs autoédités sur KDP Select et notamment sur le nouveau système de rémunération :

- Jacques Vandroux : **http://jbv.ovh/ae-81** et **http://jbv.ovh/ae-82**

- Chris Simon : **http://jbv.ovh/ae-52**

- Le blog Mia : **http://jbv.ovh/ae-83**

17- LE PROGRAMME KDP SELECT

18- TRAVAILLEZ VOTRE RÉPUTATION EN LIGNE

Il faut une vie entière pour atteindre la respectabilité, mais il suffit d'une seconde pour tuer une réputation.
Carmen Posadas

Nous l'avons vu précédemment, lorsqu'un blogueur influent lit votre livre et le critique de façon positive sur son blog, l'impact sur vos ventes peut être énorme.

Obtenir des critiques spontanées de blogueurs prend encore plus de temps que d'avoir des avis sur la page Amazon de votre livre. Nous verrons tout cela en détail dans le chapitre 20.

En attendant l'arrivée des articles de blogs, je vous recommande vivement de travailler votre e-réputation. Pourquoi ? Tout simplement parce qu'un livre c'est aussi un auteur, et chaque fois qu'un blogueur parlera d'un livre sur son blog, il s'appuiera fortement sur la crédibilité de l'auteur.

Pourquoi est-il important de valoriser son expertise en ligne ?

Si vous n'existez pas en ligne et que vous ne dégagez pas une bonne image, il sera difficile d'établir une relation de confiance avec vos lecteurs et avec les blogueurs.

Ceci est encore plus critique lorsque vous traitez comme moi de sujets autour de la monétisation des blogs. Il y a tellement de vendeurs de rêve aux méthodes douteuses sur Amazon et sur la blogosphère que l'on a tout intérêt à aller consulter ce qui se dit sur l'auteur sur Internet avant d'acheter son livre.

À titre personnel, la première chose que je vérifie avant d'acheter un livre pratique ou professionnel, c'est l'activité de l'auteur. A-t-il un vrai métier ? Une vraie expertise dans ce qu'il va essayer de me transmettre ?

Un livre, c'est aussi un auteur

Avant d'acheter un livre traitant de régime alimentaire, je m'assure que l'auteur est bien médecin et pas un coach en séduction. La santé est bien trop importante.

Avant d'acheter un livre sur le référencement naturel, je m'assure que l'auteur est bien un expert SEO qui a fait ses preuves et pas un vendeur de PDF. Une bonne visibilité dans les moteurs de recherche pour un site Web est encore une fois très importante.

Bien souvent quand je maîtrise une discipline, ça sera plutôt la réputation de l'auteur qui précèdera mon intention d'achat.

Si un auteur a ma confiance, je peux avoir envie d'acheter son livre

Si j'ai acheté le livre de Daniel Roch sur WordPress et le référencement naturel (**http://jbv.ovh/ae-85**), c'est parce que je l'ai vu parler lors d'évènements WordPress, je suis tombé sur son site au hasard de recherches d'optimisation WordPress pour le SEO et qu'en plus il était recommandé par Olivier Andrieu, le pape du référencement naturel en France.

Vous voyez tout ce qu'il faut arriver à construire pour inspirer confiance à vos lecteurs et aux blogueurs, vous devinez que tout cela ne se fait pas en un jour.

WordPress, SEO : c'est quoi ça ?

WordPress : Première plateforme de blog utilisée dans le monde.

SEO : Search engine optimization, optimisation pour les moteurs de recherche. On parle aussi de référencement naturel.

Comment être visible sur son prénom et nom d'auteur ?

Si vous avez un blog en lien avec le sujet de votre livre que vous animez depuis des années, cela sera beaucoup plus facile d'être visible sur Internet sur les recherches en affinité avec votre sujet de livre (grâce à vos articles de blog) et sur votre prénom et nom (grâce à votre page à propos).

Je vous recommande en parallèle d'avoir :

- un profil LinkedIn,

- une page auteur Amazon,

- une page CV en ligne,

- un compte Twitter personnel (à condition qu'il soit animé).

Dans tous ces profils en ligne, décrivez qui vous êtes, vos expertises, associez toujours une photo de profil engageante (la même sur tous vos profils en ligne).

Et si je veux rester anonyme ?

Si vous ne souhaitez pas mélanger votre identité professionnelle (ou personnelle) avec votre identité d'auteur, vous pouvez très bien publier vos ouvrages avec un pseudonyme comme de nombreuses personnes le font avec leur blog.

Si vous avez un blog connu et reconnu dans le sujet de livre que vous allez développer, signez avec votre pseudonyme en faisant référence à votre blog dans la page d'introduction d'auteur.

Si vous avez une expertise professionnelle dans le sujet de livre que vous allez développer, ça serait vraiment dommage de ne pas signer de votre vrai nom, surtout si vous ne dévoilez rien de compromettant sur vos employeurs.

Si vous voulez rester anonyme, c'est votre droit, mais cela ne doit pas vous empêcher de créer à côté un blog et une page auteur et d'être actif sur les réseaux sociaux. C'est votre activité en ligne qui fera alors votre réputation.

Participez à des évènements physiques en lien avec votre sujet de livre

C'est mieux si vous pouvez être *speaker* lors d'un évènement sur un sujet que vous maîtrisez, mais c'est bien aussi d'être simple participant à condition d'être actif pendant l'évènement.

En nouant des contacts durables avec des *speakers* lors d'évènements, ils se souviendront de vous de manière positive, quand votre livre fera surface, et pourront assurer sa promotion de façon totalement désintéressée.

N'allez pas vous ruiner en évènements payants, bien souvent ces derniers seront gratuits (car sponsorisés) ou ne vous coûteront moins de 20 € pour payer la logistique. Si vous devez payer plus de 100 € la journée, qu'aucun sponsor à rayonnement national ou international n'est présent, fuyez, ça sent l'arnaque !

J'ai participé en tant que simple participant (ou speaker) à ces évènements entre 2013 et 2015 :

- Learn with Google pour les éditeurs AdSense.

- Premier OVH Summit.

- Wordcamp Paris 2014 et 2015.

- SEO Camp 2015.

- Salon du Livre 2014 : conférences d'Amazon et d'auteurs autoédités et speed-meeting avec Jacques-Line Vandroux et Anne Laure Vial.

- Salon des Entrepreneurs 2015 : speaker pour Orange lors d'une conférence marketing mobile avec Google et la CCI Paris Ile de France.

- Digital Marketing Day 2015 (CCI Paris Ile de France) : animation d'un webinar gratuit Mobile to Store.

Partagez votre expertise ailleurs

Pour un blogueur qui aime garder la primeur de ses sujets pour les lecteurs de son blog, cela peut-être très compliqué d'écrire pour les autres.

Mais il faut le faire, de façon totalement désintéressée, car vous pourrez ainsi vous ouvrir à un lectorat beaucoup plus large. Ne construisez pas un article chez les autres visant à insérer des backlinks sur chaque paragraphe comme le font tous ces spammeurs !

Backlink, spammeur : c'est quoi ça ?

Un backlink est un lien qui pointe d'une page Web A vers une page Web B avec un texte de lien qui fait sens (exemple : "créer un e-book"). Les moteurs de recherche comme Google accordent beaucoup d'importance à ces backlinks pour positionner les pages Web en tête de résultats. Si une page Web parlant de création d'e-books reçoit beaucoup de backlinks de site Web référents dans le domaine avec le texte de liens "créer un e-book", elle pourra apparaître en tête sur Google sur la recherche "créer un e-book".

Un spammeur est une personne sur le Web qui cherche par tous les moyens à faire connaître son site Web ou ses pages. Elle n'hésitera pas à commenter de façon plus ou moins automatique les blogs ou forums pour insérer des backlinks vers ses pages à forte monétisation et ainsi tromper la pertinence des moteurs de recherche.

Grâce aux tribunes ouvertes, vous pouvez maintenant écrire de façon assez simple sur des sites d'actualité thématique comme :

- Le Nouvel Obs (Le Plus)
- Le Journal du Net

- IDBOOX
- Les Échos (Le Cercle)

J'ai écrit trois tribunes pour les trois premiers sites de la liste qui ont été relayés à chaque fois sur Google News, sur la page d'accueil et les comptes sociaux du site.

Je vous recommande de partager votre expérience d'auteur sur le site IDBOOX (premier site de référence sur la lecture numérique). On est très bien reçu par Elizabeth Sutton - la cofondatrice spécialiste de l'édition numérique et une ancienne salariée d'Amazon - et cela peut augmenter vos ventes d'e-books.

Vous pouvez aussi faire ce qu'on appelle du *guest blogging*, c'est-à-dire aller bloguer chez les autres, comme je l'ai fait ici il y a 5 ans sur le Blog du Modérateur, avec un article parfaitement adapté à notre problématique en plus : Mettre son CV en ligne pour quoi faire ? (**http://jbv.ovh/ae-86**)

À retenir

Un livre, c'est avant tout un auteur. Avoir une bonne réputation en ligne est donc essentiel. Pour ce faire, il faut valoriser vos expériences professionnelles sur votre blog ou votre CV en ligne.

Participer ou être acteur d'évènements majeurs autour de vos domaines de compétences vous aidera à construire votre réputation en ligne.

Pour aller plus loin

Voici quelques ressources gratuites (toutes rédigées par mes soins) pour vous aider à valoriser vos expertises en ligne :

- Mettre son CV en ligne : **http://jbv.ovh/ae-86**

- 10 conseils pour améliorer son profil
  LinkedIn : **http://jbv.ovh/ae-87**

- Réussir sa photo de profil : **http://jbv.ovh/ae-88**

- Créer un site Web responsive pour son
  CV : **http://jbv.ovh/ae-89**

19- PARLEZ DE VOTRE LIVRE SUR VOTRE BLOG

Si vous ne croyez pas en vous-même,
personne ne croira en vous.

Après la publication de votre ouvrage, continuez toujours à écrire sur votre blog des articles périphériques à votre livre, à annoncer vos bons scores de ventes, vos promotions et à impliquer vos lecteurs.

Progressivement, vos lecteurs et quelques influenceurs se laisseront convaincre d'acheter votre livre en voyant que votre blog continue à vivre et que votre livre fonctionne bien.

En publiant du contenu régulièrement sur votre blog, son audience augmentera, vous aurez plus d'abonnés à votre newsletter, votre blog deviendra ainsi une plateforme ouverte, gratuite et 100 % maîtrisée, pour la promotion de vos contenus.

Partagez du contenu intéressant d'abord

On arrive sur votre blog principalement sur vos pages de contenus (et pas sur votre page d'accueil) au hasard d'une recherche Google ou suite au relais d'un de vos articles sur les réseaux sociaux.

Il vaut donc mieux privilégier la rédaction d'articles qui apprennent quelque chose d'utile à vos lecteurs plutôt que les articles autopromotionnels autour de votre livre.

Comme évoqué dans le chapitre 4, je vous invite déjà fortement à partager vos premiers chapitres de livre sous forme d'articles. Autant capitaliser en effet d'abord sur ce que vous avez déjà produit, cela ne coûte pas cher !

Essayez ensuite, pendant toute la période de promotion, d'écrire chaque semaine un article en lien avec le sujet de votre livre qui fait écho à l'actualité du moment.

Quelques exemples :

- http://blogbuster.fr/plateforme-de-blog/nom-de-domaine-ovh-gratuit.htm

- http://blogbuster.fr/seo/wordpress-google-mobile.htm

- http://blogbuster.fr/adsense/200000-euros-blog.htm

- http://blogbuster.fr/analytics/mesurer-adblock.htm

- http://blogbuster.fr/droit/bandeau-cookies-obligatoire.htm

Amenez votre livre de façon contextuelle

Première chose à faire, mettez bien en évidence votre livre dans la colonne de droite de votre blog, en insérant bien sûr un lien d'affiliation Amazon pour suivre vos performances.

Figure 19-1 : Mise en avant de votre livre dans la colonne de droite de votre blog

Il y a fort à parier que beaucoup de lecteurs ignoreront cette zone, donc mettez également en avant votre livre en fin de chaque article une fois pour toutes comme ceci :

Vous voulez créer un blog, le faire connaître, et gagner de l'argent avec ?
Commandez tout de suite mon livre dispo en exclusivité à 3,99 € sur Amazon

de Jean Baptiste Viet

Figure 19-2 : Mise en avant de votre livre en fin d'article

Si vous avez plusieurs ouvrages à relayer, faites les renvois en fin d'article de façon contextuelle. Si ça parle d'autoédition, je relaierai plutôt *AutoÉditeur* que *BlogBuster*.

Vous pouvez faire encore plus contextuel en rédigeant une petite note personnalisée sur les articles d'actualité.

Exemple sur mon article "mesurer AdBlock"
http://jbv.ovh/ae-90

Avez-vous d'autres idées ? Si tous ces sujets vous intéressent, ne cliquez pas sur la pub, mais achetez mon livre ;-)

Cette accroche a très bien fonctionné. six ventes d'e-books ont été réalisées dans la journée, alors que je tourne en moyenne à trois ventes par jour.

Construisez vos records avec vos lecteurs

Publier vos records de ventes sur votre blog, compte Twitter ou page Facebook vous permet de donner des motifs de réassurance (ça se vend, donc ça ne doit pas être complètement mauvais) aux lecteurs qui hésiteraient à vous lire.

Cela donne aussi des idées de lecture à des visiteurs de passage quand votre tweet indiquant votre record est relayé par des twittos influents (comme ici Jean-François Pillou le fondateur de commentcamarche.net)

Figure 19-3 : Relais sur Twitter des bonnes ventes de BlogBuster par Jeff Pillou

Pour ne pas que cela fasse trop autopromotion et que cela serve aussi vos intérêts de vente, remerciez les blogueurs qui vous ont aidé dans votre quête, et mobilisez par la même occasion tous vos lecteurs autour d'un projet fédérateur.

Exemple sur mon article "record de 1 000 lecteurs"

http://jbv.ovh/ae-79

Et si on atteignait ensemble les 1 000 lecteurs pour la date anniversaire de *BlogBuster* (4 août 2015) ?

Aucun livre informatique autoédité et sans relais dans les réseaux de distribution physique n'a été vendu en France à plus de 1 000 exemplaires, sur 1 an d'exploitation.

Echangez dans les commentaires avec vos lecteurs

Une fois votre livre sorti, il faut continuer à échanger avec vos lecteurs sur Twitter, Facebook, par email et dans les commentaires de blog.

Ceux qui ont acheté votre livre doivent être traités comme des clients premium. En général, je réponds aux questions de mes lecteurs de façon détaillée et personnalisée en moins de 24 heures.

Je réponds aussi aux autres en les invitant à acheter mon livre pour avoir plus d'informations précises.

Exemple de discussion dans les commentaires de mon blog

Aznbdx :

Bonjour à tous, je suis en recherche d'emploi (bref de l'intérim un peu partout), je n'ai pas de blog mais je dispose d'une chaîne YouTube en particulier, j'ai activé la monétisation depuis presque 3 ans et mes revenus à l'année sont pour moi assez fort (un peu plus de 10.000$/an). Du coup c'est la même procédure pour un blogueur ?

Jean-Baptiste :

Salut Aznbdx, navré de te l'apprendre, mais c'est la même procédure pour un YouTuber ! Mon compte AdSense est aussi marqué Particulier. N'hésite pas à lire mon livre BlogBuster si tu veux approfondir les aspects création d'entreprise et comptabilité.

Aznbdx :

Merci pour la réponse Jean-Baptiste ! Je vais jeter un coup d'œil à ton ouvrage.

Invitez des lecteurs, auteurs, blogueurs à votre table

Ouvrez aussi votre blog à vos lecteurs, aux autres auteurs et blogueurs. Il y a de la place pour tout le monde et si on veut que la lecture numérique se démocratise, il ne faut pas hésiter à inviter les gens de talent à sa table.

Regardez comment fonctionnent les grandes surfaces pour attirer le chaland, elles encouragent la création de galeries marchandes à proximité de leur business. Faites de même et ne soyez pas avares de renvois vers les sites d'auteurs et de blogueurs qui participent avec vous à l'enrichissement intellectuel du lecteur.

Comment je fais concrètement ? Je présente des livres qui m'ont plu, je fais participer mes lecteurs à la rédaction d'articles et j'interviewe les blogueurs et auteurs :

- http://blogbuster.fr/all/livre

- http://blogbuster.fr/author/lisa/

- http://blogbuster.fr/all/interview

Tout cela est extrêmement vertueux, mon contenu s'enrichit, et certains auteurs et blogueurs qui ont comme moi la culture du partage se rappellent un jour à mon bon souvenir quand il s'agit de faire des retours d'ascenseur.

Bilan d'audience et de ventes de BlogBuster.fr

Certains auteurs trouvent que tenir un blog, c'est trop chronophage, ce n'est pas rentable, ça ne transforme pas.

Ils préfèrent donc animer leurs communautés sur Facebook et Twitter et écrire leur prochain ouvrage le reste du temps. Je trouve cela un peu risqué pour ma part de tout confier à des plateformes tierces, comme c'est risqué de confier ses écrits numériques à des maisons d'édition par ailleurs.

Facebook décide qui voit vos publications avec son fameux Reach, quand vous publiez un post auprès de 100 fans, seulement 10 le voient !

Le Reach Facebok : c'est quoi ça ?

Chaque fois que vous publiez un message sur Facebook, celui-ci n'est vu que par une fraction de vos abonnés. Plus votre message est intéressant, plus il est diffusé au plus grand nombre. Le reach, c'est la portée de votre message. Depuis que Facebook existe, ce reach n'a cessé de baisser pour inciter les marques à acheter des annonces sponsorisées à plus grande portée.

Twitter c'est bien pour accrocher les influenceurs. Mais, bien souvent, personne ne voit votre flux sur ce réseau de l'instantanéité, car au moment où vous tweetez, 90 % de vos abonnés ne lisent plus vos tweets (pas connectés).

Figure 19-4 : 126 affichages pour 1 500 abonnés Twitter, 8 % seulement de mes abonnés l'ont vu

L'article de blog quant à lui reste, se diffuse sur Google, Facebook, Twitter, par email. Vous en avez la maîtrise à tout moment, c'est un investissement utile.

Au lancement de mon livre, j'avais 100 visiteurs par jour connecté au blog BlogBuster.fr grâce aux premiers contenus du livre que j'ai publié, maintenant ils sont 500 à venir quotidiennement de Google, Facebook, Twitter ou en provenance d'autres blogs.

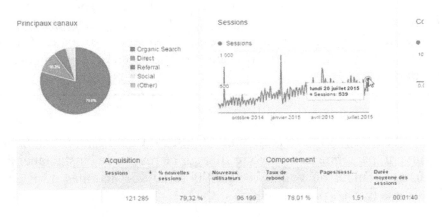

Figure 19-5 : Provenances et suivi du trafic de BlogBuster.fr

Et cela ne transforme pas si mal, puisque mon blog a permis de générer 70 ventes d'e-books et de livres papier en 1 an (soit 7% des ventes totales) auprès d'utilisateurs fidèles, qui déposeront plus naturellement des avis sur ma page Amazon et sur leurs blogs.

À retenir

Qui parle le mieux de son livre ? Son auteur. Il faut donc parler de votre livre sur votre blog. Écrire un article "Achetez mon livre" ne sert strictement à rien. Il faut attirer le lecteur potentiel par du contenu intéressant et amener votre ouvrage de façon contextuelle à la lecture pour transformer le lecteur en acheteur.

Pour aller plus loin

Je pense que ce chapitre est le parfait endroit pour vous inviter à lire mon livre *BlogBuster* disponible à 3,99 € en e-book et à 13,99 € en livre papier chez Amazon ;-) Il vous apprendra à créer un blog et à écrire des articles de qualité qui seront vus, lus et partagés !

Figure 19-6 : Livre *BlogBuster*
http://jbv.ovh/livre-blogbuster

19- PARLEZ DE VOTRE LIVRE SUR VOTRE BLOG

20- FAITES PARLER DE VOTRE LIVRE SUR LES BLOGS

L'un des meilleurs moyens de convaincre les autres est avec vos oreilles - en les écoutant.
Dean Rusk

Le saint-graal pour un auteur, c'est de réussir à obtenir une critique de lecture positive sur un blog ou sur un site Web spécialisé. J'ai réussi, pour ma part, à en obtenir une vingtaine. Chiffre à mettre en perspective avec les 40 avis reçus sur ma page Amazon.

Les retombées en termes de ventes peuvent être énormes si l'audience du blogueur est puissante, en affinité avec le sujet de votre livre, et que le blogueur a eu un coup de cœur en le lisant. Il mettra alors les formes avec beaucoup de conviction pour inciter ses lecteurs à vous lire.

Évitez les premiers contacts par mail

Un blogueur influent reçoit tous les jours des sollicitations de marques, start-up, régies publicitaires, d'autres webmasters qui tentent de manipuler les algorithmes de Google (via du *guest blogging* ou de l'échange de liens).

Boîte de réception	Site Jeanviet.info	[Jeanviet.info] : montage vidéo - Question Answer Prénom + Nom : nc	28 oct.
Boîte de réception	Site Jeanviet.info	[Jeanviet.info] : Braineet, la plateforme des idées constructives pour le	28 oct.
Boîte de réception	Site Jeanviet.info	[Jeanviet.info] : Echange d'articles (Nous pouvons rédiger l'article pou	27 oct.
Boîte de réception	Site Jeanviet.info	[Jeanviet.info] : le jornale intime de violetta - Question Answer Prénon	24 oct.
Boîte de réception	Site Jeanviet.info	[Jeanviet.info] : le jornale intime de violetta - Question Answer Prénon	23 oct.
Boîte de réception	Site Jeanviet.info	[Jeanviet.info] : Échange de liens (nous pouvons rédiger l'article pour	23 oct.
Boîte de réception	Site Jeanviet.info	[Jeanviet.info] : Business offer - Question Answer Prénom + Nom : ya	23 oct.
Boîte de réception	Site Jeanviet.info	[Jeanviet.info] : Echange d'articles (Nous pouvons rédiger l'article pou	23 oct.
Boîte de réception	Site Jeanviet.info	[Jeanviet.info] : Demande de partenariat - Question Answer Prénom +	20 oct
Boîte de réception	Site Jeanviet.info	[Jeanviet.info] : Je veux acheter / poster un article - Question Answer	20 oct.
Boîte de réception	Site Jeanviet.info	[Jeanviet.info] : tv france free sous android - Question Answer Prénon	17 oct.
Boîte de réception	Site Jeanviet.info	Affichage de la bannière en échange pour blog.jeanviet.info - Bonjour	15 oct.
Boîte de réception	Site Jeanviet.info	[Jeanviet.info] : New software suggestion for Jeanviet.info - Question	10 oct.
Boîte de réception	Site Jeanviet.info	Do you want to sell jeanviet.info ? - Hello, I am a website broker, and	4 oct.
Boîte de réception	Site Jeanviet.info	[Jeanviet.info] : 2éme Finale Internationale de la WebCup - Question	4 oct.

Figure 20-1 : Exemples de mails reçus via le formulaire de contact de Jeanviet.info en un mois

C'est juste un enfer ! Le pire, c'est quand on se met à lire ces emails et qu'on se rend compte que l'auteur met faussement les formes pour essayer encore et toujours de se faire de l'argent grâce à votre site.

Exemple de mail type que je ne lis plus

Bonjour,

Je me permets de vous écrire car je viens de temps en temps sur votre blog pour être au courant des nouveautés technologiques.

Merci pour toutes ces actus ! ;)

Certains vont même jusqu'à vous envoyer deux mails de relance et essaient même de vous contacter par téléphone, alors qu'ils n'ont jamais pris le temps de vous suivre sur Facebook ou Twitter ou de commenter votre blog en y publiant des choses pertinentes.

Ils veulent que vous vous intéressiez à eux, mais ne s'intéressent pas à vous.

C'est devenu encore pire que les vendeurs de double vitrage et les sociétés de crédit à la consommation qui nous harcèlent chaque semaine au téléphone.

Donc personnellement, maintenant, j'ignore tout mail qui vient d'une marque ou d'un webmaster que je ne connais pas, soit dans la vraie vie, soit en ligne et tous les blogueurs et blogueuses qui ont un peu de notoriété font pareil je pense, sinon c'est ingérable.

Faites connaissance avec les blogueurs comme dans la vraie vie

Si vous aimez un blog et le blogueur ou la blogueuse qui l'anime, souhaitez qu'il critique votre ouvrage, faites les choses dans les règles et avec tact.

Commencez par le suivre sur son compte Twitter ou Facebook. Relayez ses articles quand ils vous plaisent. Allez commenter sur son blog, posez lui des questions sur Twitter, répondez à ces questions… Bref, entamez un vrai échange avec lui.

Francky de Nalaweb.com, un blogueur High-Tech que j'ai eu l'occasion d'interviewer sur BlogBuster.fr (**http://jbv.ovh/ae-95**) est très bon à cet exercice. Il est très bon parce que la générosité et la volubilité sont des qualités naturelles chez lui.

Privilégiez les messages courts en privé avec du contexte

Maintenant que quelques liens sont établis avec d'autres blogueurs, essayez d'identifier quel est le meilleur timing et contexte pour aller leur parler de votre livre.

Un livre répond toujours à une question ou à un besoin. Si le blogueur à qui vous souhaitez demander de parler de votre livre n'a aucunement besoin des conseils prodigués dans votre livre, il n'hésitera pas à vous envoyer promener. Et rien ne sert d'argumenter, s'il ne voit aucun besoin pour lui-même, il ne trouvera pas d'intérêt pour ses lecteurs.

En consultant les commentaires de blog laissés chez vous (qui sont bien souvent des questions), vous trouverez du contexte pour demander aux blogueurs de rédiger un article sur votre livre.

J'avais rédigé deux articles sur les classements de blogs en mettant en avant les blogs les mieux classés. J'ai eu naturellement sur ces deux articles des blogueurs et des blogueuses qui ont réagi dans les commentaires en se demandant comment faire pour que leur blog apparaisse aussi dans ces classements. La perche était tendue, je n'avais plus qu'à les recontacter par mail en les invitant à lire le livre qui leur expliquait comment faire.

Autre exemple encore plus parlant. Quatre jours avant la sortie de mon livre sur la monétisation des blogs, je tombe sur un article de @xhark du blog **Blogmotion.fr** sur le financement de son blog (**http://jbv.ovh/ae-94**).

C'est justement la question centrale de mon livre *BlogBuster* et j'y apporte dedans une réponse très complète et très concrète. Je contacte donc @xhark en message privé sur Twitter pour lui proposer de lui offrir mon livre.

Il accepte de le lire, on échange après pas mal par email sur les aspects fiscaux et comptables du statut de micro-entrepreneur. Le livre lui plaît, il est partant pour faire un billet dessus et c'est ce qu'il fera seulement six jours après nos premiers échanges privés sur Twitter.

Offrez votre livre à tous les blogueurs prêts à vous faire une critique

Au moment de l'annonce de la sortie de votre livre sur votre blog, indiquez que vous êtes disposé à offrir votre livre en version e-book aux blogueurs qui souhaiteraient rédiger un article.

S'ils acceptent, offrez-leur votre livre non pas en version PDF ou .epub mais avec un bon d'achat Amazon pour qu'ils soient dans les conditions réelles de tous les lecteurs et pour que cela augmente aussi, par la même occasion, votre classement Amazon. Cela vous coûtera moins de 2 € si vous vendez votre e-book à 4 €.

Certains vous demanderont aussi votre livre papier, c'est un poil plus compliqué à offrir car ça nécessite quand même, pour vous, une dépense de 11 € (si votre livre papier est vendu à 14 €, vous ne margez qu'à 3 €, transporteur, distributeur et fabrication à payer) et vous n'êtes même pas sûr que la personne aille relayer votre livre sur son blog plus tard.

Je l'ai fait pour six blogueurs et blogueuses, avec un retour sur investissement de quatre sur six en termes d'articles de blog. Les deux personnes qui n'ont pas encore publié de critiques le feront peut-être un jour en lisant ce livre ;-) En attendant, c'est une perte nette pour moi de 22 €. Mieux vaut donc se limiter à distribuer gratuitement votre e-book.

Donnez aux blogueurs des avantages

Chaque blog est unique, chaque audience d'un blog est différente. Certains blogueurs se contenteront de faire un retour de lecture factuel, d'autres voudront proposer en plus des contenus exclusifs à leurs lecteurs, d'autres voudront faire des jeux concours, des interviews...

C'est plutôt sympathique et valorisant pour l'auteur que chaque blogueur essaie d'apporter un plus dans son article. Donc, si vous le pouvez, arrangez-vous pour satisfaire leurs demandes en cadrant bien vos contraintes.

En tant que blogueur, critique de livres, j'ai apprécié que l'éditeur Michel Lafon me contacte en direct sur Twitter via le compte @memedslesorties, nous envoie à Lisa (contributrice sur BlogBuster.fr) et à moi le livre *Mémé dans les orties* d'Aurélie Valognes en version livre papier et que son auteure réponde à tous mes questions autoédition.

Du coup, j'ai mis le paquet en termes de mise en avant : trois articles sur *Jeanviet* (dont une critique sincère du livre) et une interview sans détour d'Aurélie Valognes sur BlogBuster.fr.

Ne prenez pas les blogueurs ou blogueuses qui vous demandent des avantages comme des divas, mais dites-vous plutôt que si vous êtes généreux avec eux dans l'échange, ils vous le rendront de façon positive sur leur blog.

Privilégiez les relations avec les blogueurs sur le long terme

Toutes mes premières critiques de livre, je les ai obtenues de blogueurs avec qui j'entretenais de bonnes relations depuis des années.

Dans la vente, on dit que c'est plus compliqué d'acquérir de nouveaux clients que de fidéliser les anciens. Les blogueurs n'échappent pas à cette logique.

Entretenez donc toujours de bonnes relations avec les blogueurs que vous connaissez déjà, faites leur des renvois d'ascenseurs quand vous pouvez, relayez leurs articles quand vous les aimez.

Bien sûr, ce type de relation dépasse le simple lien commercial et suppose confiance et intérêt mutuels.

Remerciez les blogueurs en les mettant en avant

Quand un blog parle de votre livre, vous cite sur Twitter ou Facebook, la moindre des choses c'est de le relayer. Tous les auteurs et toutes les marques ne le font pas avec tous les blogueurs.

Cela fait très mauvais effet, ça donne l'impression que vous êtes sélectif, vous ne retournez pas la confiance que le blogueur vous a accordé.

Des remerciements privés c'est bien, des remerciements publics matérialisés par un relais de l'article du blogueur sur vos comptes sociaux, c'est mieux et ça contribue à entretenir une relation de long terme avec le blogueur.

Je profite donc de ce nouveau livre pour mettre en avant comme il se doit les 21 premiers blogueurs et éditeurs qui ont gentiment relayé mon livre sur leur blog :

1. WebRankInfo
2. Blogmotion
3. Coreight
4. IDBOOX
5. Mamans qui déchirent
6. Des livres pour entreprendre
7. Busy Women
8. Trooclick
9. Trente Jours
10. Auto-entrepreneur malin
11. Le butineur
12. Bouquinovore modéré
13. Des Mots Des Mondes
14. Juste Geek
15. Nalaweb
16. Passeur d'experiences
17. L'investissement
18. ABC Argent
19. Les chroniques de Sandrine
20. Monter son business
21. Current Trends

À retenir

Le mail et le communiqué de presse sont des formats inadaptés aux blogs. 70 % des mails ne sont jamais ouverts (taux d'ouverture moyen de 30 %) et beaucoup de blogueurs ne lisent plus les longs communiqués de presse qu'ils reçoivent par email.

Contactez sur Twitter les blogueurs que vous connaissez, envoyez des messages courts en privé qui vont droit au but et seulement si vous pensez que votre livre a de l'intérêt pour votre ami blogueur.

Pour aller plus loin

Je vous recommande de lire ces deux excellents articles de deux blogueurs (chroniqueurs de mon livre) qui indiquent ce qu'ils pensent des communiqués de presse :

- Coreight : **http://jbv.ovh/ae-91**
- Nalaweb : **http://jbv.ovh/ae-92**

Il y aussi cette excellente présentation de The Family (incubateur de start-up) qui vous explique comment susciter l'intérêt des journalistes et les faire parler de vous :

http://jbv.ovh/ae-93

21- COMMENT J'AI VENDU 1 000 LIVRES EN UN AN

Tout le succès d'une opération réside dans sa préparation.
Sun Tzu

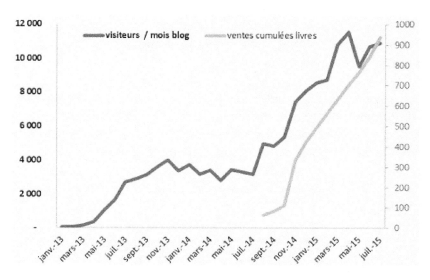

Figure 21-1 : Suivi des visiteurs du blog BlogBuster
et des ventes du livre *BlogBuster*

Dans ce dernier chapitre, je vais décrire toutes les étapes et les dates clés par lesquelles je suis passé pour transformer en un an et demi BlogBuster.fr en livre.

Pour *AutoÉditeur*, étant un peu plus rôdé à l'exercice, il m'aura fallu un peu moins de huit mois pour arriver au bout du projet d'écriture.

Je détaillerai aussi toute la partie relative à la promotion. Vous verrez ainsi précisément dans le temps quels ont été les leviers de communication qui ont déclenché les ventes.

Lancement du blog BlogBuster.fr (fin 2012)

Depuis fin 2009, l'idée de raconter dans un blog et dans un livre le succès d'audience et de revenus de mon blog Jeanviet.info me démangeait. Beaucoup de personnes autour de moi avaient du mal à comprendre comment un blog pouvait rapporter de l'argent à son auteur.

J'avais donc acheté le nom de domaine blogbuster.fr, parfaitement adapté à la problématique, dans l'idée de raconter les coulisses de mon blog. Les mois passèrent, et jamais je n'avais trouvé le temps de faire de ce domaine un blog digne de ce nom.

Fin 2012, j'ai rencontré 2 problèmes majeurs avec mon blog Jeanviet.info :

- Il a été pénalisé en référencement naturel par Google et son filtre Panda (audiences et revenus divisés par deux). Beaucoup de blogs High-Tech ont été touchés à l'époque, c'est comme si Google avait donné un malus aux blogs et un bonus aux grands sites média à plus forte notoriété (effet marque).

- J'ai subi un contrôle fiscal assez lourd dans lequel le fisc français me reprochait entre autres de n'avoir pas déclaré mes revenus AdSense irlandais aux douanes (9 000 € d'amende forfaitaire envisagée).

J'avais le sentiment à l'époque d'être entre le marteau et l'enclume, il fallait que cela sorte. Sentant l'étau se resserrer, j'ai eu l'envie de partager tout cela sur BlogBuster.fr.

Si vous n'avez pas encore de blog ou n'arrivez pas à faire grossir son audience, je vous recommande de lire mon premier ouvrage BlogBuster : Gagner de l'Argent avec un Blog.

Premier article du livre publié sur BlogBuster.fr (janvier 2013)

En parallèle de mon nouveau blog, j'ai commencé à m'intéresser aussi à l'autoédition numérique grâce notamment au livre *Author, Publisher, Entrepreneur* de Guy Kawasaki.

J'ai vu l'autoédition à l'époque comme un moyen :

- d'échapper au diktat de Google,

- de proposer mes tutoriels à bon prix,

- de garder la liberté éditoriale d'un blog,

- de compléter mes revenus de blog.

J'ai alors décidé de commencer à écrire le début de mon livre sur mon blog, pour me forcer à écrire chaque semaine et faire grimper ainsi progressivement mon audience.

Je vous invite à relire le chapitre *4 (Publiez vos premiers chapitres sur un blog) si vous souhaitez vous inspirer de ma méthode.*

Publication d'infographies et de classements sur les blogs (août 2013)

Pendant que mon blog s'enrichissait en contenus, l'audience de BlogBuster.fr augmentait. J'étais passé en huit mois de 50 visiteurs par mois à plus de 3 000.

Nous étions à un an de la date de sortie de mon livre, il fallait que je commence à intéresser les blogueurs, et surtout, à mieux connaître le profil de mes futurs acheteurs.

J'ai donc commencé à analyser en détail les revenus et les audiences des 200 blogs francophones les plus fréquentés. J'ai pu me rendre compte de la diversité de la blogosphère : de fortes audiences sur le divertissement, la famille et la cuisine, mais une meilleure monétisation sur le High-Tech et la mode (avec des modèles de rémunération mixant affiliation et publicité).

J'ai publié ces analyses à travers des infographies et des classements digestes qui ont rencontré un écho très positif : beaucoup de partages et de commentaires. En reconnaissant publiquement la diversité de la blogosphère, j'ai pu m'ouvrir à des blogueurs et blogueuses au-delà de la sphère technophile.

Je vous invite à relire le chapitre 19 *pour connaître quelles sont les actions les plus efficaces pour transformer vos lecteurs de blog en lecteurs de livre.*

Salon du Livre et Speed-meeting Amazon (Mars 2014)

Mars 2014, pour la première fois de son histoire, Amazon tenait en France un stand au salon du Livre. Les médias voyaient cela à l'époque comme une provocation envers les libraires.

J'ai décidé de m'y rendre pour profiter d'une session gratuite de coaching pour auteurs autoédités, animée en plénière par Laurent Bettoni (auteur autoédité à succès et directeur d'une maison d'édition).

C'était également l'occasion pour moi de *pitcher* mon projet de livre en cinq minutes auprès de Jacques-Line Vandroux (auteure autoéditée à succès) et Anne Laure Vial (responsable Kindle), avec à la clé une mise en visibilité Amazon forte pour les 4 auteurs les plus convaincants.

J'ai alors appris plein de choses utiles sur KDP et CreateSpace à la session de Laurent Bettoni, mais je n'ai finalement pas gagné la mise en avant de mon e-book sur Amazon.

J'ai été un peu déçu sur le coup, mais avec le recul c'était la meilleure chose qui pouvait m'arriver car sans cette "défaite", je ne me serais certainement pas autant battu pour prouver qu'on pouvait vendre des livres sans promotion, sans éditeur, grâce à un blog ! *BlogBuster* se serait sûrement moins bien vendu et je n'aurais du coup jamais publié ce deuxième livre.

Je vous invite à relire les chapitres 3 et 5 pour disposer d'un livre prêt à être publié en version e-book et papier sur Amazon.

Lecture du livre Grimpez vers le top 100 (mai 2014)

Pendant le speed-meeting Amazon, Anne-Laure Vial m'a invité à lire le livre de Jacques-Line (*Grimpez vers le top 100*) en m'expliquant que c'était l'équivalent de mon aventure bloguesque côté autoédition.

Alors j'ai lu *Grimpez vers le top 100*. Ce livre m'a été très utile, car tous les aspects administratifs, ventes, promotions, relecture relatifs à l'autoédition étaient admirablement décryptés avec des données très détaillées issues de la riche expérience de l'auteure.

En lisant ce livre, j'ai compris que les succès des Vandroux reposaient sur le duo auteur (Jacques) et éditeur (Jacques-Line) que formait ce couple, leur complémentarité leur permettait de sortir nettement du lot des autres auteurs autoédités.

Si vous voulez réussir votre entrée dans l'univers de l'autoédition, je vous encourage vivement à compléter la lecture du présent ouvrage par le livre Grimpez vers le Top 100 de Jacques-Line Vandroux.

Juin - Juillet 2014 : relecture du livre *BlogBuster*

J'ai repris contact par mail avec Jacques-Line pour lui dire tout le bien que je pensais de son livre en essayant de récupérer au passage un peu de son aide avant de lancer *BlogBuster* dans le grand bain.

J'ai appris alors que *BlogBuster* avait tout de même été présélectionné dans les 8 finalistes du speed-meeting Amazon (petite victoire donc). Jacques-Line a accepté de relire intégralement mon livre et de me coacher gracieusement par mail jusqu'à sa sortie.

Tous les conseils que je donne dans le chapitre 6 *(Corriger les fautes d'orthographe et de style) sont issus des échanges que j'ai pu avoir avec Jacques-Line.*

Lancement du livre en version e-book (Août 2014)

Ca y est, c'est le grand saut, toutes les fautes ont été corrigées, j'ai obtenu in-extremis, fin juillet, une couverture au rendu professionnel, je n'ai plus qu'à appuyer sur le bouton "Publier" et à attendre.

Ma période de vacances commençait, je faisais en parallèle une session de formation WordPress express pour la mère d'un ami avant de partir 15 jours au Portugal.

Tout mon pré-lancement a été géré depuis le Portugal :

- J'ai écrit à ce moment-là des chroniques pour le Journal du Net et le Nouvel Obs.

- J'ai placardé la couverture de mon livre sur mes profils de réseaux sociaux.

- J'ai obtenu les soutiens de Blogmotion et Coreight comme premiers blogueurs.

- Et en parallèle à cela un article sur la déclaration des revenus AdSense (publié deux mois plus tôt) faisait le buzz sur les réseaux sociaux auprès des indépendants et blogueurs.

Après quelques relances, mes premiers relecteurs ont commencé à noter mon livre sur Amazon, je tournais entre deux et trois ventes par jour à ce moment-là, suffisant pour être premier du classement Internet.

Pour savoir comment publier votre livre sur Amazon au format e-book, relisez le chapitre 12 (KDP). Pour réussir le pré-

lancement de votre livre, je vous invite à relire les chapitres 16 (Comment obtenir des avis ?), 18 (Soignez votre e-reputation).

Un petit creux entre septembre et octobre 2014

A partir de septembre 2014, ma page Amazon commençait à donner envie : il y avait une dizaine d'avis postés avec une note moyenne de 4,9 / 5.

Mais bizarrement, les ventes commençaient à se tasser. Au lieu d'avoir deux à trois ventes par jour comme en août, je tournais à une à deux ventes par jour avec des jours parfois sans vente.

C'est à ce moment-là que j'ai compris qu'un livre ne pouvait se vendre sans animation régulière et que si je voulais vendre, la promotion devait être permanente jusqu'à la sortie de mon prochain ouvrage.

J'ai donc repris mon bâton de pèlerin et me suis mis à parler de mon livre dans la vraie vie et dans la vie virtuelle à toute occasion. J'ai également sollicité de plus en plus de blogueuses do it yourself, cuisine, famille pour des interviews dans l'optique d'élargir mon lectorat.

Dans la vie réelle, des voix se sont exprimées pour me dire qu'elles seraient prêtes à acheter mon livre s'il était disponible en version papier, que la lecture sur écran, ce n'était pas pour eux.

La promotion d'un livre est un combat permanent ! Relisez le chapitre 15 (Quand et comment parler de votre livre ?).

Sortie de la version papier (Octobre 2014)

Du 4 au 11 octobre 2014, j'ai donc sacrifié mes soirées et mes week-ends pour adapter mon e-book au format livre papier. Il a fallu revoir complètement la mise en page, légender les photos, améliorer leur qualité, générer des liens raccourcis (merci .ovh) et lancer des tests d'impression à la demande depuis les États-Unis. Je me suis ruiné en frais de livraison !

A cette occasion, j'ai créé une mini vidéo humoristique d'introduction et une vraie page Web de présentation à la Apple : **http://blogbuster.fr/le-livre/**

En toute sincérité, j'étais loin de m'imaginer qu'avoir un livre papier pourrait avoir autant d'impact sur mes ventes sans relais dans les magasins physiques.

A partir de novembre, une commande de livre sur trois a été un livre papier et le fait que l'e-book *BlogBuster* existe aussi en version papier lui donnait une vraie légitimité en tant que livre.

Finalement, les voix qui se sont exprimées dans la vie réelle ont bien acheté mon livre en version papier.

Je vous invite à relire le chapitre 13 (CreateSpace) si vous voulez vous aussi disposer d'un livre papier imprimé à la demande.

Article sur WebRankInfo (novembre 2014)

Cela va bientôt faire huit ans que je suis en contact avec Olivier Duffez, le créateur de WebRankInfo.com, le plus gros site Web et forum dédié au référencement naturel. J'avais eu la chance de travailler avec lui sur l'optimisation SEO de quelques chaînes de contenu Orange.fr et de suivre son excellente formation sur le référencement naturel.

Aussi bien d'un point de vue personnel que professionnel, sa formation a eu un impact très positif sur les audiences des sites Web que j'ai eu à gérer par la suite. Naturellement, quand il a fallu parler d'optimisation SEO dans mon livre *BlogBuster*, j'ai recommandé de lire pas mal de ressources du site WebRankInfo.com que je consulte au quotidien.

J'ai offert à Olivier mon livre en version e-book dans un premier temps et en version papier dans un second temps juste pour le remercier et lui montrer l'impact que ses conseils avaient eu. Très sympathiquement, Olivier a parlé légèrement de mon e-book sur les réseaux sociaux puis m'a consacré un article plus complet sur son site le 3 novembre 2014.

Je peux vous dire que l'impact sur les ventes a été massif. Les 3 mois qui ont précédé, j'avais peiné à vendre 100 livres, grâce à l'article sur WebRankInfo, j'en ai vendu plus de 200 en un mois. Mon livre s'est même retrouvé dans le Top 100 Amazon pendant six jours consécutifs jusqu'à atteindre la 15ème meilleure vente devant *Merci pour ce moment* de Valérie Trierweller et *Fifty shades of Grey*.

Je ne crois pas qu'un livre informatique se soit déjà retrouvé là. Dans le top 100 général, vous n'avez que des romans, des livres politiques ou humoristiques. C'est peut-être aussi un peu pour cette raison (il faut être réaliste) que je n'avais pas figuré parmi les quatre finalistes de la session speed-meeting d'Amazon.

Je vous invite à privilégier les relations avec les blogueurs et éditeurs sur le long terme et à relire le chapitre 20 *(Faites parler les blogueurs) pour bien vous y prendre.*

Kindle Unlimited (décembre 2014)

À la sortie de mon livre, je m'étais inscrit pour trois mois au programme KDP Select pour pouvoir proposer mon livre à la location et l'offrir gratuitement.

Pendant ces trois mois, je n'ai pas eu à utiliser la promotion gratuite et j'ai généré très peu de locations dans la boutique de prêts Kindle (trois par mois environ). J'ai donc arrêté KDP Select.

Puis est sorti en grande pompe, le 12 décembre 2014, Kindle Unlimited avec une offre tarifaire très attractive pour le premier mois d'essai : 0,99 € le mois au lieu de 9,99 € / mois.

Par rapport à la boutique de prêt (offre Amazon premium), cette fois-ci, avec Kindle Unlimited (**http://jbv.ovh/ae-96**), plus de limites au niveau des terminaux (boutique de prêt réservée aux possesseurs de Kindle) et plus de limites au niveau du nombre de titres loués (un titre prêté tous les mois sur Premium). Il fallait que je teste cela.

Je me suis réinscrit au programme dans la journée et j'ai ainsi pu m'apercevoir que la nouvelle offre changeait tout au niveau de la demande de prêts. Je suis passé de deux locations par mois, à 20 tous les mois jusqu'à la mise en place du nouveau système en juillet 2015 (qui ne remonte plus les prêts mais les pages lues).

Je vous invite à relire le chapitre 17 (KDP Select) et à inscrire votre ouvrage à ce programme au lancement. C'est bien plus efficace qu'une promotion gratuite qui n'aura aucune répercussion sur vos ventes directes et classements.

Mamans qui Déchirent (Janvier-février 2015)

J'avais mis en avant fin novembre 2014, lors d'une interview *BlogBuster*, Laetitia, créatrice et rédactrice du blog MamansQuiDechirent.com, un blog fortement consulté par les mamans grâce à ses articles de fond sur la vie de mère, ses bonnes adresses, ses astuces pour se faciliter son quotidien, et aussi et surtout à un travail de communication remarquable de son auteure Laetitia.

Laetitia m'avait promis à l'issue de l'interview de présenter mon ouvrage à ses lectrices avec une mécanique de test produit associé à un jeu concours. Elle a tenu parole, j'ai rédigé un règlement (depuis 2015, il n'était plus obligatoire de le déposer auprès d'un huissier, économie de 100 €), j'ai répondu à mon tour à son interview et quatre mamans (pour la plupart blogueuses) sur 360 participants ont eu la chance de repartir avec deux livres et deux e-books *BlogBuster*.

Après avoir conquis les blogueurs High-Tech, les fans de SEO, j'arrivais enfin à toucher les mamans blogueuses. En février – mars, j'ai vendu 50 % de livres papier en plus.

Contributions de Lisa sur BlogBuster.fr (février – mai 2015)

J'ai fait la connaissance de Lisa du blog French With Benefits sur Twitter grâce à mon livre *BlogBuster*. Lisa suivait le compte Twitter de WebRankInfo et a été intéressée par le tweet relayé par Olivier le 3 novembre à propos de mon livre (**http://jbv.ovh/ae-97**). Elle l'a acheté, lu, adoré, et m'a littéralement mitraillé de questions et aussi de bons conseils sur le blogging.

J'ai donc proposé à Lisa de partager son savoir avec les autres lecteurs de BlogBuster.fr à travers deux tutoriels et une interview vidéo. Grâce à Lisa, le trafic de BlogBuster.fr a gagné 2 000 visiteurs de plus par mois, à partir de mars 2015.

Lisa a fait tout cela de façon totalement altruiste, dans l'optique d'aider les autres blogueurs à progresser. Si, un jour, Lisa a besoin d'un coup de main pour écrire un livre, elle sait qu'elle pourra compter sur moi.

*Je vous invite à regarder l'interview vidéo de Lisa sur BlogBuster.fr (**http://jbv.ovh/ae-98**) et à consulter son blog French With Benefits si vous avez envie comme d'elle et son mari d'immigrer au Canada.*

Mon livre dans la sélection IDBOOX de Juin (juin 2015)

IDBOOX.com est un site sur l'actualité de l'édition numérique. Je le suis de façon active depuis plus d'un an. IDBOOX met en avant régulièrement des auteurs autoédités et leur offre la possibilité d'écrire des chroniques libres.

J'échange assez souvent sur Twitter avec Elizabeth, éditrice du site, pionnière en France de l'édition numérique (ex Amazon.fr). Ceci m'a valu un jour comme Lisa (les rôles ont cette fois changé) d'avoir l'opportunité de raconter l'aventure d'un blogueur dans l'autoédition (**http://jbv.ovh/ae-99**).

En plus de cette tribune qui a été pas mal relayée et qui m'a générée quelques ventes, Elizabeth m'a mis en avant dans sa sélection de livres de juin aux côtés de jeunes auteurs autoédités à succès comme Aurélie Valognes (*Mémé dans les orties*) et Patrick Jacquemin (*L'odeur de l'herbe après la pluie*).

La boucle était bouclée, j'obtenais finalement en fin de parcours la reconnaissance de mes pairs auteurs après avoir été, dès le départ, soutenu par mes collègues blogueurs.

Livre *BlogBuster* : bilan après un an de promotion (août 2015)

Depuis août 2014 (date de parution du livre *BlogBuster*), plus de 100 000 internautes se sont rendus sur le blog Blogbuster.fr et plus de 1 000 livres *BlogBuster* ont été vendus sur Amazon.

BlogBuster a été dans le top 10 des ventes de livres Informatique et Internet sur Amazon pendant plus d'un an aux côtés de livres édités par Eyrolles ou Dunod (spécialistes du genre informatique). *BlogBuster* est régulièrement classé n°1 des ventes d'e-books Informatique et Internet sur Amazon.

Mes revenus d'auteurs sont réguliers et honnêtes (entre 150 et 200 € par mois), mais ne me permettent pas d'en vivre, c'est encore moins rémunérateur que la publicité sur un blog dans le contexte précis de livres pratiques. Pour les romans, c'est le rapport inversé.

Donc, rassurez-vous pour ceux qui me suivaient d'abord sur mes blogs, je vais continuer à bloguer et puis c'est indispensable, si je veux vendre encore plus de livres informatiques ;-)

Conclusion

Tout ce qui arrive une fois peut ne plus jamais arriver.
Mais tout ce qui arrive deux fois arrivera certainement une
troisième fois.
Paulo Coelho, L'Alchimiste

Merci d'avoir lu cet ouvrage jusqu'à la dernière page. Vous avez maintenant toutes les clés pour créer un livre, le publier et bien le vendre sur Internet.

J'ai pris beaucoup de plaisir à raconter dans ce livre mes deux années passées à observer et à apprendre le métier d'auteur et d'éditeur. C'est ma deuxième expérience d'envergure dans l'autoédition, il y en aura forcément d'autres tant les échanges et les apprentissages ont été riches.

Quelque chose de magique s'est passé depuis que j'écris, j'ai appris à m'ouvrir plus aux autres et à partager plus. J'espère que le partage de mon expérience personnelle vous aura été utile et vous permettra à votre tour d'améliorer vos compétences techniques et marketing en matière de création de livres.

Je fais souvent des fautes d'orthographe en voulant écrire trop vite mes articles de blog, j'espère que le temps nécessaire à l'écriture d'un livre associé à la bienveillance de mes relecteurs m'aura évité ici cet écueil. N'hésitez pas à rentrer en contact avec moi si vous décelez des erreurs au cours de votre lecture.

Si cet ouvrage vous a été utile, parlez-en sur votre blog, à vos proches et pensez à laisser des commentaires de recommandation sur ma page Amazon. Vous êtes ma meilleure publicité !

Jean-Baptiste Viet

Restons en contact

N'hésitez pas à me suivre sur mon blog, sur les réseaux sociaux ou à me contacter par email pour prolonger les échanges à l'issue de votre lecture :

- Mon blog dédié à l'autoédition et au blogging : **http://blogbuster.fr**

- Par email : jeanviet@gmail.com

- Sur Twitter : @jeanviet **https://twitter.com/jeanviet**

- Sur Facebook : **https://www.facebook.com/blogbuster.fr**

Glossaire

Voici un récapitulatif de tous les termes barbares que j'ai introduit au fil de votre lecture. Pour faciliter vos recherches, les notions ont été classées par ordre alphabétique.

AdSense : Régie publicitaire de Google. Plus de 2 millions d'éditeurs (gros sites ou petits blogs) dans le monde diffusent des annonces publicitaires avec AdSense.

Affiliation : L'affiliation est une relation entre un marchand (affilieur), un site Web tiers (affilié) et une plateforme d'affiliation. Le site Web tiers est chargé de faire la promotion des produits du marchand moyennant le versement d'une commission à chaque vente qui a pour origine le site de l'affilié.

Amazon : Premier site e-commerce et première librairie en ligne au monde.

Amazon premium : Programme de fidélité d'Amazon qui permet d'être livré en un jour ouvré et d'emprunter gratuitement sur Kindle un e-book par mois dans la bibliothèque de prêts.

Android : C'est le système d'exploitation des tablettes et mobiles développés par les constructeurs alternatifs à Apple : Samsung, LG, Sony, HTC, Wiko, etc.

Annonceur : C'est le terme utilisé en communication pour désigner l'entreprise qui achète une campagne de publicité pour promouvoir sa marque ou ses produits.

Autoédition : Capacité pour un auteur d'éditer ses propres livres sans passer par une maison d'édition.

Backlink : Lien qui pointe d'une page Web A vers une page Web B avec un texte de lien qui fait sens (exemple : "créer un e-book").

Bannière : Bandeau publicitaire qui s'affiche sur un site Internet. Les bannières peuvent être de différents formats (ex: 300x250, 728x90), contenir de simples visuels ou des animations flash.

Bénéfice : Recettes brutes - charges.

BIC (bénéfices industriels et commerciaux) : statut fiscal dédié aux entreprises proposant des prestations de services (seuil de chiffre d'affaires de 32 900 € / an) ou de la vente (seuil à 82 200 €).

Blog : Journal personnel sur Internet où l'information est publiée par ordre antéchronologique (article le plus récent en premier, article le plus ancien en dernier).

BNC (bénéfices non commerciaux) : statut fiscal dédié aux professions libérales (formateurs, consultants, comptables, médecins) et aux auteurs. Le seuil de chiffre d'affaires est de 32 900 € / an.

Charges : Ensemble des achats et des frais engagés pour les besoins de votre activité. Les cotisations sociales versées au RSI font parties des charges.

Chiffre d'affaires : Recettes totales d'une entreprise sur une année avant paiement des charges. Volume de ventes x prix de vente.

Clic : Action de pression de la souris sur un élément cliquable.

Commission : C'est le pourcentage que reçoit un intermédiaire lorsqu'il arrive à transformer un visiteur en acheteur.

Cotisations sociales : Charges à payer au régime social des indépendants. Elles servent à financer les dépenses de santé et le régime de retraites des affiliés au RSI.

CreateSpace : plateforme d'autoédition papier et d'impression à la demande d'Amazon. Avec CreateSpace, vous allez pouvoir transformer un e-book en livre papier sans avoir à gérer de stocks.

CSS : Langage de mise en forme qui permet de personnaliser le design d'une page HTML.

Dépôt légal : Obligation pour tout éditeur, imprimeur, producteur, importateur de déposer chaque document qu'il édite, imprime, produit ou importe en France à la BnF.

DES : Déclaration européenne d'échange de services. Déclaration à faire tous les mois quand on réceptionne des revenus en dehors de France issus de l'Union Européenne.

Domaine : Quand on parle d'un domaine, on sous-entend un nom de domaine. C'est-à-dire une adresse simplifiée qui permet d'accéder à un site Web.

DMCA : *Digital Millennium Copyright Act.* Loi américaine adoptée en 1998. Le but de ce texte est de fournir un moyen de lutte contre les violations du droit d'auteur. Il vise à établir une législation de la propriété intellectuelle adaptée à l'ère numérique. Source : Wikipédia.

E-book : Livre au format numérique qui peut être lu directement sur une liseuse ou sur d'autres écrans (PC, Mac, tablette, smartphone) à l'aide d'un logiciel ou d'une application de lecture dédiée.

Éditeur WYSIWYG : Éditeur en mode graphique. WYSIWYG signifie en anglais *What You See Is What You Get* : ce que vous voyez à l'écran est ce vous aurez en rendu.

Entreprise individuelle : Entreprise dirigée par une seule personne. Pas de personnalité juridique distincte, le dirigeant engage ses biens propres en cas de faillite.

EPUB : Format d'e-book ouvert. L'extension d'un fichier EPUB est .epub. Toutes les liseuses peuvent lire les e-books au format EPUB excepté la Kindle qui nécessite en entrée des e-books au format .mobi, .azw ou PDF.

Format ouvert : Tout protocole de communication, d'interconnexion ou d'échange et tout format de données interopérable et dont les spécifications techniques sont publiques et sans restriction d'accès ni de mise en œuvre.

Google : Moteur de recherche le plus utilisé dans le monde et première régie publicitaire Internet en chiffre d'affaires.

GFK : Institut d'études de marché. GFK analyse périodiquement les comportements des consommateurs à l'égard de l'industrie des biens culturels : équipement en numérique, comportements d'achat, habitudes de consommation.

HTML : C'est un langage de mise en forme qui permet grâce à un système de balises (exemples : <title>, <h2>, <img>, <p>) de structurer une page Web.

iOS : C'est le système d'exploitation des terminaux iPhone et iPad de la marque Apple.

ISBN : numéro standard international qui identifie de manière unique un livre.

KDP : *Kindle Direct Publishing* (en français publication en direct sur Kindle). C'est la plateforme d'autopublication de livres numériques d'Amazon.

KDP Select : Programme promotionnel d'une durée de 3 mois (renouvelables) de Kindle Direct Publishing, qui vous permet d'élargir votre lectorat et d'augmenter vos revenus en proposant votre e-book gratuitement auprès des abonnés Amazon (premium et Kindle Unlimited) et de tous les lecteurs pendant 5 jours.

KOLL : *Kindle Owner's Lending Library*. Boutique de prêt Kindle réservé aux abonnés Amazon premium et aux possesseurs de la liseuse Kindle.

KU : Kindle Unlimited. Offre d'abonnement d'e-books en illimité d'Amazon.

Libriste : Personne attachée à l'utilisation et à la promotion des logiciels libres et des formats ouverts.

Liseuse (ou e-reader) : Terminal de lecture à encre électronique. L'encre électronique permet d'avoir une autonomie de 30 jours et un affichage semblable à la lecture sur livre papier (même en plein soleil).

Logiciel libre : logiciel disponible pour tous (très souvent gratuit) que l'on peut modifier ou redistribuer.

Micro-entreprise : Entreprise individuelle dont le chiffre d'affaires est inférieur à 32 900 € sur un an pour une activité de prestation de services.

Marge (auteur-éditeur) : Chiffre d'affaires - les coûts de ventes (TVA, marge du distributeur, coûts techniques).

OS : *Operating system* ou système d'exploitation en français. Les ordinateurs de bureau tournent principalement grâce à l'OS Windows de Microsoft. Sur mobiles et tablettes, les OS Android et iOS dominent en termes de part de marché.

Pitch : résumé en quelques phrases de votre livre. Il doit être court et donner envie de lire.

Reach **Facebok** : Chaque fois que vous publiez un message sur Facebook, celui-ci n'est vu que par une fraction de vos abonnés. Plus votre message est intéressant, plus il est diffusé au plus grand nombre. Le reach, c'est la portée de votre message.

Reason why (raisons d'y croire, ou preuves) : C'est tout le discours objectif qui va appuyer la promesse de votre communication.

Redevances : Équivalent français du terme royalties. Revenus dégagés par vos droits d'auteur.

Recettes : Revenus bruts générés grâce à votre activité.

Redirection : Action de rerouter une page A vers une page B de façon permanente ou temporaire.

Référencement naturel : Toutes les techniques qui permettent d'optimiser des pages Web pour qu'elles soient indexées et bien positionnées dans les résultats naturels des moteurs de recherche. On parle aussi souvent de SEO (search engine optimization) : optimisation pour les moteurs de recherche. Tout ce qui est naturel est gratuit.

Registrar : Un bureau d'enregistrement ou un registraire de nom de domaine (registrar en anglais) est une société ou une association gérant la réservation de noms de domaine, dans les domaines de premier niveau où il n'y a pas de vente directe pour le registre de noms de domaine.

Réseau social : Espace communautaire en ligne ou les individus d'un même groupe sont reliés entre eux et peuvent communiquer de façon privée ou publique. Facebook, Twitter, Google+ sont des réseaux sociaux.

Robot ou bot : Agent logiciel automatique qui effectue tout le temps la même tâche.

Royalties : Revenus dégagés par vos droits d'auteur.

RSI : Régime social des indépendants

SEO : Search engine optimization, optimisation pour les moteurs de recherche. On parle aussi de référencement naturel.

Sigil : Éditeur d'e-book open source et multiplateforme qui permet de créer des e-books au format EPUB.

SNE : Syndicat national de l'édition. C'est l'organisation professionnelle des entreprises d'édition. Elle défend les intérêts des éditeurs de livres publiés à compte d'éditeur.

Spam : message indésirable.

Spammeur : personne qui génère des messages indésirables.

Storytelling : Procédé de communication qui consiste à raconter une histoire pour simplifier une idée et convaincre plus tard plus facilement.

Taux de conversion : C'est le nombre d'actions rapporté au nombre de visites. L'action peut être le remplissage d'un formulaire, le téléchargement d'une application, ou la vente d'un produit.

Texte de lien : Mot clé affichée sur une page A qui pointe grâce à un lien hypertexte vers une page B. Google donne un poids fort au texte de lien pour bien positionner une page dans ses résultats de recherche naturels.

Uploader : C'est l'envoi de votre fichier sur un serveur distant. Quand on télécharge un fichier avec du débit descendant sur sa machine, c'est du *download*. Quand on télécharge un fichier avec du débit montant sur une autre machine, c'est de l'*upload*.

URL : *Unique Resource Locator* en anglais. C'est un acronyme qu'on utilise régulièrement pour désigner l'adresse Web d'une page de votre site.

Visite : Consultation d'au moins une page d'un site au cours d'une session utilisateur.

Visiteur unique : Individu qui consulte un site, une application Internet, une partie ou un ensemble de sites ou d'applications Internet, au cours d'une période définie.

WordPress : Première plateforme de blog utilisée dans le monde.

XHTML : HTML avec des contraintes de formatage plus strictes. un EPUB contient des fichiers XHTML.

GLOSSAIRE

Outils et Logiciels

Voici un récapitulatif des outils et logiciels que j'ai utilisés pour transformer mon blog en livre. Les outils et logiciels sont classés par ordre d'apparition dans le livre.

- **WordPress.org** (avec OVH) : pour créer un blog. **http://jbv.ovh/livre-blogbuster**

- **Word** (Office) : pour écrire votre livre au format papier.

- **Sigil** : pour écrire votre livre au format e-book.

- **Le Robert correcteur** : pour corriger vos fautes.

- **Antidote** : pour corriger encore plus d'erreurs (forme, typographie). **http://jbv.ovh/ae-25**

- **PDF Creator** : pour transformer votre document Word en PDF.

- **Calibre** : pour transformer un document Word ou Kindle en EPUB. **http://jbv.ovh/ae-47**

- **Kindle Previewer** : pour transformer un EPUB en MOBI.

- **KDP** : pour publier votre e-book sur Amazon.

- **CreateSpace** : pour faire imprimer à la demande votre livre sur Amazon.

- **Canva** : pour créer votre couverture.

- **Fotolia** : pour acheter les droits de vos images de

couverture.

- **The Gimp** : pour retoucher vos images.

- **Amazon author** : pour créer votre page auteur et modifier votre quatrième de couverture.

- **Club Partenaires Amazon** : pour gagner de l'argent grâce à l'affiliation Amazon.

- **guichet-entreprises.fr** : pour créer une micro-entreprise.

- **Impôts.gouv.fr** : pour payer vos impôts.

- **Pro.douane.gouv.fr** : pour faire vos DES.

- **Twitter ou Facebook** : pour communiquer sur les réseaux sociaux.

www.ingramcontent.com/pod-product-compliance
Lightning Source LLC
LaVergne TN
LVHW022305060326
832902LV00020B/3292